神的屬性，以及對基督徒信仰生活的意義

認識至聖者

THE KNOWLEDGE OF THE HOLY

The Attributes of God : Their Meaning in the Christian Life

陶恕——著　　A. W. TOZER　　譯——陳雅馨

目錄

CONTENT

專文推薦

生涯規劃有夠「神」

施以諾

在這個年頭，許多青年人、上班族都抱怨要做生涯規劃越來越難！因為這大環境有太多的變數，卻又有太多無法改變的地方。

這些認知其實並沒有錯，但在歷史上，仍有人可以在艱困的環境中、甚至是自身條件不足的情況下活出精彩！例如本書的作者陶恕便是一位。論時局，他生長的年代曾經歷過第一、二次世界大戰，以及美國經濟大蕭條；論條件，他的學歷出身相對算很低。然而，他這樣的一個人，卻成為一位極有影響力的作家、牧師，甚至還被頒了名譽博士。他的人生，讓人們不得不佩服。

陶恕的生涯規劃怎麼做的？我認為跟他很認識「神」有關，在時局、背景條件都不好的狀況下，他一步步地走在神為他所預備的道路上，所以他才能夠活得精彩。

而且他也不藏私！寫了這本《認識至聖者》來向世人介紹這位引領他人生道路的獨一真神。

他在〈第一章：為何我們要正確地認識神〉中，直接向世人毫不保留地介紹了這位引領他人生道路的神，為何我們必須正確地認識神？當然囉，這就好像我們進了一家美好的公司，若要做得精彩，當然必須對創辦人、大老闆的創辦理念更瞭解，人生活在世也是一樣，我們越瞭解造物主，活得方向就會越精準。

而他在〈第十章：神的全知〉則提到「神能夠立即而且不費吹灰之力地知道一切物質和所有事物，一切心靈和個別心靈」。您常有懷才不遇的感受嗎？其實您的優點，造物主都知道；甚至您還可以向祂請教所有您不知道的事，因為祂也都知道。

他也在〈第十一章：神的智慧〉提到：「無論這墮落的世界看起來如何，神一切的作為都是在完全的智慧中作成的。」並引述聖經中〈以賽亞書〉的經典名句：「我要引瞎子行不認識的道，領他們走不知道的路；在他們面前使黑暗變為光明，使彎曲變為平直。這些事我都要行，並不離棄他們。」以此來說明神對人的愛。這世代，職場上常有人對未來感到迷茫，的確，未來充滿變數與不確定性，倚靠自己的小聰明往往難以成事，我們的生涯規劃怎能不靠神開路呢？

陶恕也在〈第十八章：神的憐憫〉寫道：「神的憐憫並不是神一時興起，而是祂永遠存有的一個屬性。」他眼中的獨一真神是一位多麼善良的神！如果神待常犯錯的我們是如此良善，那麼我們又怎麼好意思在人生中去報復那些得罪過我們的人呢？

陶恕所生長的年代，可能比現在還動盪，他個人出道時的條件，可能也比時下許多青年人都差，然而，因為他瞭解神、認識神，他的生涯規劃充滿了神的賜福與帶領。陶恕的人生與信仰，值得被媒體稱為「厭世代」的這個年代的人們深入瞭解，並從中得益。而如何更瞭解陶恕背後的信仰？就從這本《認識至聖者》開始吧！

（本文作者為輔大醫學院職能治療學系系主任、作家
GoodTV 好消息電視台《維他命施》節目主講人）

專文推薦

你認識的上帝是什麼樣？

鄭漢光

本書作者陶恕（Aiden Wilson Tozer）是美國基督教宣道會（Christian and Missionary Alliance）知名牧者及作家，被譽為「二十世紀的先知」，他與一八八七年成立宣道會的宣信博士（Dr. Albert Simpson）是早期美國基督教宣道會的二位重要領袖。

陶恕在芝加哥南區宣道會教堂牧會三十年（一九二八至一九五九年）的後期，於一九五〇年五月起，曾擔任九年的《宣道見證》（*Alliance Witness*）編輯。只有小學學歷的他，靠著自學，在一九五〇年獲得伊利諾州惠頓學院頒發名譽文學博士學位，以及在一九五二年獲霍頓學院法學博士的學位。

陶恕作品多達四十多本，其中《渴慕神》（*The Pursuit of God*）和《認識至聖者》（*The Knowledge of the Holy*）堪稱是他的代表作，這二部作品一直被西方基督教視為二十世紀基督教的經典作品之一。

筆者高中時信主，是香港宣道會的會友，因此很早就閱讀過陶恕的《渴慕神》中譯本，那時候因為年輕，對他的作品所談的內容不太能領悟。但記得在二十多年前，再次捧讀《渴慕神》一書，不得不感佩陶恕的生命是如何豐沛，他的作品有著引導讀者與神建立更深層次關係的力量，他努力嘗試幫助基督徒擺脫世俗纏繞，轉而渴望與上帝認識及親近，在上帝的光照中，認真面對自己的內心問題以及生命的境況，從而恢復與上帝健康的關係。

事隔多年，再次有機會閱讀陶恕的另一本重要作品《認識至聖者》，那份深藏在靈魂深處的感動再次被激起，在安靜閱讀這本作品時，除了深深敬佩陶恕在上個世紀六〇年代所寫的這本著作，仍然能為活在今天的我們提供很好的提醒，甚至點出如何脫離現今的困境，就是錯認自己就是神。

在今天這個全球化經濟發展的時代，人們每天都在武裝自己，透過塑造一個偶像，在混雜的世界中掙扎求生。這個偶像也許就是來自自己心中的反照，是憑空想像出來，並投射在自己或另一個人身上，期待從中獲得安身立命的力量。也就是我們一直依靠自己或自己想像出來的某人、某樣價值活下去，為自己做一個神。

今天的世界正快速地改變，傳統價值觀一直被挑戰，今天認為合宜的觀念，明天可能就被唾棄。若從世俗化的角度來看人的價值，恐怕今天的我們將不認識昨天的自己。因此人們不是自我膨脹，就是隨波逐流，很難清楚地知道什麼才是真、什麼才是假。

又有甚者，追求網紅、高舉專家、唯獨財富……這類價值取向，其實在基督教會的群體中也大行其道，基督徒希望透過某些擁有特殊經驗的牧者或名人，追求一種快速經歷上帝的方法。或是跟隨某些神學聖經知識超群的教師，學習深奧的學問，以滿足自我形塑的基督教信仰。或是追求宣稱上帝會透過名利來祝福那些特別虔誠的信眾的觀念。

而教會歷史傳統上，跟隨耶穌基督捨己、愛鄰舍，對上帝存敬畏之心，這些想法已被忽略、不再被看重，取而代之的，就是陶恕在本書試圖論述陳明的，人們對上帝的認識已受世俗的價值影響，教會已經棄守了對上帝的敬畏，信徒群體中存在了許多對上帝錯誤的認識，以致人們不再認為基督教的神有何威嚴，甚至不再感到神的同在，對至聖者所期待的聖潔都不屑一顧。當基督徒不再敬畏上帝、失去同在感知，我們將會丟失敬拜的心靈，失去與上帝相遇的可能，以及敬拜上帝的能力。

作者透過二十二個主題，帶領讀者重新認識這位至聖者的屬性，在每個主題的論述前，陶恕都以一段自己敬拜的禱告來開始，這些禱告都是作者生命的經歷，作為後面論述的見證。接著以理性論據，以及建基於閱讀默想聖經的獲得，歸納出個人對上帝不同屬性的理解和經驗，以誠摯文字表現出來。

上帝說：「不要近前來。當把你腳上的鞋脫下來，因為你所站之地是聖地。」（出埃及記 3:5）

最後，我想以聖經舊約中，帶領以色列人出埃及的先知摩西，在何烈山與上帝相遇的故事來作為結尾：耶和華的使者從荊棘裡火焰中向摩西顯現，而摩西看到荊棘被火燒卻沒有燒毀，就想往前觀看，此時上帝就對摩西呼叫，吩咐摩西將腳上的鞋子脫下，因為他所站之地是聖地。這好比我們穿著沾滿世俗的感知與價值觀灰塵的鞋子，穿著它，我們不可能走進屬於上帝的聖地之中，這雙鞋子正妨礙著我們認識至聖者的屬性。

所以，我們要脫下鞋子，就是讓我們放下自己，讓心靈預備好要經歷那些奇妙的事，我們才能與上帝的關係日漸親密。透過聖經中閃閃發光的上帝榮光，照亮我們內在生活的世界，如此就能改變我們對上帝的認識方式，得以更多認識上帝的榮光，在永恆的上帝面前，放下我們一直背負的重擔。

（本文作者為校園書房出版社總經理）

專文推薦

從認識上帝到建構正確的信仰

盧俊義

一個傳道者在神學院讀書時，一定會上「系統神學」的課程，這種課程會談到有關「上帝」這個課題，特別是「基督教教義學」、「護教學」等課程，為的是要幫助學生畢業後當傳道者時，可以明白如何教導信徒認識基督宗教信仰中最重要、最中心的對象——生命的主宰上帝。

坦白說，上這些課程往往會讓學生感覺很枯燥乏味。除非教課的老師可以用很實際的生活經驗舉例說明，否則多數學生往往會提一個問題：傳福音需要講這麼艱澀的要理嗎？

後來，當我畢業去農村教會傳道牧會時，我終於發現神學院開這種課確實很重要，因為每當信徒遇到生命的困境，特別是面對死亡的苦難時，他們會問：「真的有

上帝嗎？」、「祂在哪裡？」、「為什麼我祈禱時，祂都沒有回應？」、「為什麼上帝會讓我遇到這麼痛苦的事？」

我也會遇到信徒讀聖經時提出這樣的問題：「耶穌既然是上帝差遣到世界來的救主，上帝為什麼要讓他死在十字架上？」、「為什麼耶穌被釘在十字架上時會大聲呼喊，問上帝為什麼要離棄他？」、「如果說上帝是愛，為什麼要讓信祂的人受到苦難？這對信仰有什麼意義呢？」類似這樣的問題都有一個共同點：到底有沒有上帝？若是有，祂是一位怎樣的上帝？

早期的基督教會流傳著兩個信仰觀念，一是：上帝住在天上，祂很忙，要管理整個祂所創造的宇宙萬物，沒有時間管人世間的事。因此，才會差派耶穌到世界上來。祂有答應凡是信耶穌的人，就會得救。二是：人的生命有兩大部分，就是靈魂和肉體。當一個人信了耶穌之後，他的靈魂就已經得救了，因此，這個人活著的肉體跟他的靈魂沒有關係。

因為有上述兩種觀念，將之併在一起，就形成一個行為：我們已經因為信耶穌而得救了，所以無論我們的身體做什麼事，都與我們得救的靈魂沒有關係，於是有人去做許多違背社會道德規範的事。但若是連最基本的道德規範都無法遵行，就沒有所謂的基督宗教信仰可言。使徒保羅就是因為聽到哥林多教會有信徒是這樣浪蕩不羈，非常生氣地說：「你們是上帝的殿，上帝靈住在你們裡面。因此，要是有人毀壞了上帝的殿，上帝一定要毀滅他；因為上帝的殿是神聖的，你們自己就是上帝的殿。」（哥林多前書 3:16-17）

使徒保羅的這番話清楚地說出一件事：透過信耶穌，上帝已經和信的人的生命連結在一起了。保羅甚至說了這樣的警語：「你們不知道你們的身體就是聖靈的殿嗎？這聖靈住在你們裡面，是上帝所賜的。你們不屬於自己，而是屬於上帝，因為他用重價買了你們。所以，你們要用身體來榮耀上帝。」（哥林多前書 6:19-20）

從上述兩段經文就可以看出，從早期教會的基督徒到現今時代的基督徒都有類似的問題一再出現：對上帝的認知並沒有進步多少，因為同樣的問題依舊存在。特別是現在這個非常講究科技的時代，許多人心裡認為，總有那麼一天，上帝會被人的科技所取代。甚至有科學家預言：有一天當人能夠複製人類時，就可以取代上帝對人生命的主權。

人們對上帝的認知有這樣的偏差，正是陶恕牧師寫這本書的主要原因。在整本書中，主要談及聖經所介紹我們認識的上帝，就是「全能的上帝」、「全在的上帝」、「全知的上帝」這三大主題，然後從這三大主題延伸論及有關上帝的各種屬性。

在每個論點中，陶恕牧師一再提醒我們：想用自己有限的能力去「證明」上帝，是很愚蠢的一件事。因此，陶恕牧師說不用尋找，上帝就在我們的身邊。就像〈約翰一書〉的作者所說的：「沒有人看見過上帝，但我們若彼此相愛，上帝就在我們的生命裡，而他的愛藉著我們完全實現了。」（約翰一書 4:12）

其實，這句話正好回應了耶穌對門徒所說的：「如果你們彼此相愛，世人就知道你們是我的門徒。」（約翰福音 13:35）這些話都說出了一個正確重要信仰的認知：上帝不需要我們去證明祂是否存在。要認識上帝，最重要的就是用謙卑的心，從認識我們生命的軟弱開始，這樣會比較容易接近上帝。這也是陶恕在這本書中最想要表達的一個生命和信仰態度。

此外，這本書的構成也別出心裁。從第一章談到「為何要正確地認識神」開始，直到最後一章「神的主權」，每章都有個特點：用簡短而誠摯的祈禱開始，用名人寫給神的話語作為結束。在理性的闡述之外，增添了真誠細膩的情感，更能激發讀者去沉思關於神的信息，並且和神建立更深層的關係。

這是一本很值得想要學習認識上帝的人閱讀的一本好書。不但值得基督徒看，也是一般人認識基督信仰的入門經典。

（本文作者為台灣基督長老教會牧師）

作者序

真正的宗教會叫人世面對天國的挑戰，並讓時間挑起永恆的重擔。基督的使者即使是按著神的心意向人說話，也必須像貴格派信徒所說的，要「針對聽眾的情形來說話」，否則他所說的話就只有他自己能聽懂。他的信息不僅不該受到時間的限制，也應當是切合時代的。他必須向自己的世代說話。

這本書的信息並不是出自這個時代的產物，但卻是切合這個時代的。這本書的誕生，是為了回應一個已經在教會中存在多年，並且持續在惡化的弊病。我所指的是，在大眾對宗教的普遍看法中，敬畏神的觀念已經消失了。教會放棄了關於神的崇高概念，以低下卑劣的觀念取而代之，以至於這樣的神根本不值得被人思考及敬拜。這個過程並不是教會蓄意推動，而是在不知不覺中逐漸發生的，等教會終於意識到這種情況，不僅為時已晚，也會讓她陷入更悲劇的處境中。

如今，流行在所有基督徒中有關神的偏差觀念，正是諸多邪惡在我們中間到處肆虐的原因。由於我們宗教思想中的這個基本錯誤，結果產生了一套基督徒生活的全新哲學。

我們不再仰望神的威嚴，也因此失去了對宗教的敬畏，進而感知不到神的同在。我們失去了敬拜的精神，以及回到內在、安靜下來與神相遇的能力。現代的基督教根本無法培育出那種能夠欣賞或體驗屬靈生活的基督徒。對那些充滿自信、整日忙碌打拚的基督徒來說，「你們要休息，要知道我是神！」（詩篇／聖詠 46:10）＊這段經文幾乎是毫無意義。

正當宗教大大得勢、教會的榮光遠勝過去數百年的此時，我們卻失去了敬畏神的觀念。令人憂心的是，我們得到外在的收穫，換來的卻是內在的損失；而內在會影響信仰的品質，所以我們自以為的收穫，其實只是被稀釋的損失而已。

挽回我們屬靈上損失的唯一辦法，就是回到導致這些情況的原因，確實地按照真理來加以修正。對至聖者的認識不足，已經給我們製造了各種麻煩。重新認識神的威嚴將能解決這些問題，儘管這是條漫漫長路。當我們對神的觀念錯誤或不當時，就不可能有健全的道德行為以及正確的內在態度。想要將屬靈的力量帶回到我們的生活，就必須用更符合神本身的方式來思考神。

為了幫助人們對諸天中的威嚴者有更深入的認識，我謙卑地獻上我以恭敬之心對神的屬性所做的小小研究。倘若今天基督徒都在閱讀奧古斯丁或安瑟姆（Anselm）的作品，這樣的一本書就實在沒有存在的必要了。可惜現代基督徒對這些具有深刻屬靈洞見的大師都是僅知其名而已。出版社盡責地再版他們的書，而這些書也在適當的時候出現在我們書房的書架上，但是問題就出在這裡：它們就一直待在書架上了。

現今的宗教氛圍使得人們沒辦法去讀這些作品，即使是那些受過良好教育的基督徒也一樣，會持續專注地研讀數百頁宗教巨著的基督徒顯然並不太多。這類的書讓太多人回想起他們在求學時期被迫閱讀的那些世俗經典，於是他們便洩氣地放下了手中的書本。

因為這原因，一本像這樣的書也許還是有所裨益的。因為這本書既不晦澀難懂，也不會充滿學術性的用語；也因為它不是以故作優美的文體寫成，而是用敬拜的語言

＊編注：本書中的聖經名詞（章名、人名……等）在全書首次出現時，以基督新教、天主教通用譯名對照的方式呈現，方便讀者閱讀。

來書寫，這也許可以吸引一些人來閱讀它。雖然我認為這本書的內容不會違背純正的基督教神學立場，但我並不是為了那些專業的神學家而寫，而是為內心渴慕神、尋求神的一般人而寫。

盼望這本書能推動我們當中的基督徒尋求個人內在的信仰，若有人因為讀了這本書而受到激勵，願意開始恭敬地默想神的所是，那麼我寫這本書所付出的辛勞也就大大值得了。

第一章

為何我們要正確地認識神

主啊，全能的神哪！祢並非哲人與智者的上帝，而是先知與使徒的上帝；超乎一切之上的是，祢是我們主耶穌基督的神與父，我能夠談論祢而不犯錯嗎？

那些不認識祢的人，也許會以違背祢的本真的方式來呼求你，以至於他們敬拜的並不是祢，而是他們在想像中創造出來的東西；因此，求祢開啟我們的心眼，使我們能夠照著真實的祢來認識祢，使我們能夠完全地愛祢，並按祢當得的榮耀來稱頌祢。

奉我們主耶穌基督之名禱告，阿們！

當我們想到神時，腦海中浮現的是什麼樣的想法，是對我們最重要的一件事。人類的歷史可以表明，一個民族的高度在於他們所信奉的宗教；人類靈性生活的歷史也可以明確顯示，一個宗教的偉大在於它對神的觀念；而人對神的敬拜是純潔抑或低俗，取決於敬拜者對神的觀念是崇高或是卑下。

因為這樣的緣故，教會所面對的最嚴肅問題，始終是神本身，而最能預示一個人未來的，不是他以後可能會說什麼、會做什麼，而是在他內心深處他所想像的神是什麼樣子。

受到靈魂的祕密法則驅使，我們往往朝著自己內心的上帝形象靠近。不僅個別的基督徒如此，由基督徒所組成的教會亦如此。一直以來，最能透露一個教會真實情況的，莫過於教會對神的觀念了，就像對一個教會來說，最重要的是談論神的時候都談些什麼、不談什麼一樣。因為在許多時候，沉默是遠比說話更有力的雄辯，教會對神的認識與見證，終將會暴露出她是怎樣的一個教會，這是無可避免的事。

「當你想到神時，你的腦海中浮現的是什麼?」如果我們能讓一個人說出他對這個問題的完整答案，我們就能十分有把握地預測這人靈性生活的前景。如果我們能夠確切地知道最具影響力的宗教領袖今天對神的看法如何，我們或許就能相當準確地預測教會明天的立場如何。

毫無疑問，對於神的思想，是人類心靈所能容納的最偉大思想；而語言中最重要的話語，就是為神所說的話語。思想和語言，是神給那按照祂形象所造的受造物的恩賜；這些恩賜與祂緊緊相連，密不可分。有個事實十分重要——第一個出現的「話語」（word）就是「道」（Word）：「太初有道，道與神同在，道就是神。」（約翰福音1:1）我們能夠說話，是因為神說話。在祂裡面，話語和觀念是一不二。

我們對神的觀念，應該盡可能符合神的真實所是，這一點對我們極其重要。相較於我們對神的實際想法，教條性的說法顯得無關緊要。我們對神的真實想法也許深埋在傳統宗教觀念的廢墟之下，需要煞費一番心思及苦工才能將其挖掘出來，見到它的真面目。只有經歷過痛苦的自我探索過程，我們才可能發現自己對神的實際信仰內涵為何。

對神的正確觀念不僅是系統神學的基礎，也是基督徒實際生活的根基。「對神的正確觀念」與「敬拜神」之間的關係，就如同地基與神殿的關係；根基不足，或是不在正確的位置上，整座建築遲早會倒塌。據我所知，幾乎沒有一種教義上的錯誤或是基督徒倫理實踐中的失敗，不是源自於對神的偏差、不完全的想法。

我的看法是，在我們當前所處的時代，基督徒對神的觀念已經衰敗到了與至高神的威嚴徹底無法匹配的地步，這種情況導致那些自認是基督徒的人們在道德上遇到了極大的災難。

即使天上及人世間的所有問題都同時湧到我們的面前，和有關神的那個巨大問題相比，也都算不了什麼，那個問題就是：神的**本質**為何；神是**什麼樣**的；身為道德存在的我們應該與祂有**怎麼樣的關係**。

對神有正確信念的人，即使眼下遇到了成千上萬個難題，也為難不了他，因為他立刻就能看出這些難題帶給他的困擾不過是一時的；但即便他能卸下種種一時的重擔，那唯一且沉重難當的永恆重擔——世上一切憂患的總和，也勝不過這擔子的重量——卻會開始落到他的肩上，這個重擔就是他對神的責任與義務。

這擔子包括他必須立即開始全心、全魂地愛神，完全順服祂，以祂所喜悅的方式來敬拜祂，並且持續一生之久。而當這人不安的良心告訴他，這些該做的事他不但一

件也沒做，反而從童年起就一直反抗在天上至高的那一位神，他內心自我控訴的聲音就會大到他再也無法承受。

福音能夠為我們的心挪去這個難以承受的重擔，賜華冠代替灰塵、讚美衣代替憂傷之靈。但是人若不能真實感受到這擔子的重量，福音對他就毫無意義可言。在看見神坐在寶座上並且被高舉的異象之前，他不會高喊我有禍了，也不會感受到什麼重擔。對於神的庸俗低見，會摧毀掉所有人所聽見的福音。

在人心所易犯的諸般罪行中，沒有什麼罪比崇拜偶像更加令神恨惡的了，因為偶像崇拜的底層深處就是對神的汙衊。拜偶像的人心中認為的神，並不符合神的真實本性——這本身就是極大的罪惡，而他們更以按照自己形象所創造出來的神來代替真正的神。這樣的神往往與其創造者的形象一致，可能卑下或純潔，可能殘酷或仁慈，一切都取決於它所源自的那個心靈的道德水準。

在墮落人心的暗處所創造出來的神，自然不會肖似真神的本來面目。如同〈詩篇〉中神對惡人說：「你還以為我跟你一樣嗎？」（50:21）這對於至高神而言必然是個嚴重的侮辱，祂可是面前有基路伯（格魯賓）和撒拉弗（色辣芬）侍立且不斷呼喊

「聖哉！聖哉！聖哉！萬軍之耶和華」的那一位神啊！

我們要警醒，免得我們因驕傲而接受了錯誤的觀念，以為拜偶像指的僅僅是在有形的偶像面前屈膝下拜而已，只要是文明人都不會犯這種錯誤。偶像崇拜的本質，就是持有那些配不上神的關於神的觀念。偶像崇拜在我們的心裡開始，但在沒有公開進行崇拜行為的地方也可能看見它的蹤影。保羅（保祿）在書信中寫到：「因為他們雖然知道神，卻不當做神榮耀祂，也不感謝祂，他們的思念變為虛妄，無知的心就昏暗了。」（羅馬書 1:21）

接下來，他們就會敬拜那些按照著人和鳥獸、爬蟲的形象而造的偶像了。這一連串的墮落行為全都是從人的心思裡開始的。對神的錯誤觀念不僅是偶像崇拜的源頭，它本身即是偶像崇拜。偶像崇拜者就是僅用想像的方式來認識神，還把這個想像的神當成真實的神來敬拜。

一個宗教中如果出現了對神的墮落觀念，很快就會受到這些觀念的腐蝕。以色列的漫長歷史清清楚楚地向我們表明了這一點，教會的歷史更是歷歷可證。教會何等需要對神有崇高的觀念啊，因為一旦對神的觀念出現任何衰敗的跡象，教會的敬拜以及道德水準就會立刻隨之衰退。當教會放棄保有對神的崇高觀念，就邁出了走下坡的第一步。

無論在何處都一樣，基督教會在邁向衰頹之前，她所信奉的基本神學必然腐敗在先。教會不過是對「神是怎樣的一位神？」這問題得出了錯誤的答案，便從此走向了墮落之路。或許教會在名義上仍堅守著純正的信條，但實踐上她所實行的信條已經變成了虛假。她的信眾們也開始相信一個有別於真神、也不符合神的真實所是的神——這是最陰險、最致命的異端。

今天，基督教會所背負的最沉重責任，就是將人們對神的觀念予以潔淨，並將這觀念再次提升到與神的榮耀相配、也與教會的榮耀相配的高度。在教會一切的禱告與工作中，我們應讓此事居首位。

我們對於下一代基督徒最大的服事，就是將歷代以來我們從希伯來及基督宗教先人們所領受的對神的崇高觀念，無瑕無疵地傳承給他們。事實會證明，這個貢獻對於下一代的價值，將勝過任何藝術作品或科學發明。

伯特利的神啊，祢至今仍親手餵養祢的子民；祢曾引領我們疲憊的先人們走過這條漫長而疲乏的屬天之路。在祢的施恩座前，我們向祢立誓並發出祈禱：願我們祖先的神，也成為他們世世代代子孫的神。

——菲利浦．卓立奇（Philip Doddridge）

第二章 不可理解的神

主啊，我們所處的困境是何等艱難啊！在祢面前，我們最好是沉默不語，但愛火燃燒我們的心，催逼著我們發聲。

若我們閉口不言，連石頭也會呼喊起來，但若要開口，我們又當說些什麼呢？求祢指教我們，好叫我們認識我們認識不了的事，因為除了神的靈，沒有人能夠知道神的事。求祢在理性無能為力之處，以信仰來扶持我們，好叫我們因相信而思想，而不是因思想以至於信。

奉耶穌的名祈求，阿們。

孩子、哲學家與宗教家們都有一個共同的問題，那就是：「神到底是什麼樣的？」本書就是要嘗試回答這個問題。但是在一開始，我就必須承認，除了說「神根本不像任何事物」之外，這個問題實在是無法答覆；也就是說，神**完全**不像我們所知的任何事物或任何人。

我們的學習方式，是將既有的知識當作橋梁，藉此通往未知之境。然而對我們的思想來說，要從熟悉的事物突然進入全然陌生的境地，卻是不可能的事。即便是最健全無畏的心智，也無法僅憑著自發的想像，就無中生有地創造出任何東西。

即使是神話與迷信世界中的稀奇古怪生物，也不純然是幻想的產物。創造出它們的人也是取材自地上、空中和水中的常見生物，將這些熟悉的形象加以誇大，或是混合兩種或多種形體來造出新的東西。然而，無論這些人造之物是美麗抑或醜怪，我們始終能夠認得出它們的原型。它們總是會像我們已知的某種東西。

在聖經中，受到聖靈（聖神）啟示的人們為了將那些無法言喻的事物表達出來，已經將思想和語言的可能性發揮到了極限。他們所要表達的事物經常是對超自然世界的啟示，然而閱讀這些啟示的人，心智卻屬於自然界，所以作者們不得不用了許多

「彷彿」這樣的字眼，好讓人們明白他們所要傳達的事物。

當聖靈想要傳達那些在我們知識領域以外的事物時，祂會說這個東西像我們已知的某樣東西，但是祂描述的措辭始終會非常謹慎，免得人們的認識受到這些字句的侷限。例如，當先知以西結（厄則克耳）看見天開了，得見神的異象時，他發現自己找不到語言來形容他眼前所見的景象。他所看見的和他過去所知的任何事物都全然不同，於是他只好求助於可以表達事物相似性的詞彙：「至於四活物的形像，就如燒著火炭的形狀。」（以西結書 1:13）

他越是靠近那燃燒的寶座，他的用字遣詞就變得越不確定：「在他們頭以上的穹蒼之上有寶座的形象，彷彿藍寶石；在寶座形象以上有彷彿人的形狀。我見從他腰以上有彷彿光耀的精金，周圍都有火的形狀……這就是耶和華榮耀的形象。」（以西結書 1:26-28）

這些話很奇特，但不會給人留下描述不真實的印象。人們的感覺是整個情景十分真實，卻完全不像世上任何已知的事物。所以，為了傳達出他所見到的，先知必須用上「彷彿」、「像似」、「有如」、「有……的形象」這類的字眼。就連神的寶座，也成了

「有寶座的形象」，而坐在寶座上的那一位，儘管像個人，卻又是那麼不像，以至於他只能以「有彷彿人的形狀」來形容祂。

當聖經說人是按照神的形象所造時，我們不敢妄自加入自己腦中的觀念，說人是「**完全**按照神的形象」所造。因為這樣的話，人就成了神的複製品，而神就失去了祂的絕對獨一性，最終神就不存在了。這樣做，等於是拆毀了那道分隔「神」與「非神」之間的無限高牆。

將受造之物與造物主想像成本質同一的存在，會剝奪神的大多數屬性，並將祂降格為受造之物。比方說，這樣做會奪去祂的無限性：宇宙中不可能同時有兩種無限的存在。這樣做也會奪去祂的絕對主權：宇宙中不能同時有兩個完全自由的存在，因為這兩個完全自由的意志遲早要起衝突。我們實在不需要再列舉出更多的例子了，這兩個屬性要求它們只能屬於一個存在。

當我們試圖去想神到底是怎樣的時候，腦中必定會拿那些不是神的東西來當作素材和加工；因此無論我們將神想像成什麼樣的形象，祂都不是我們所想像的樣子，因為我們是從祂所創造的事物中構想出神的形象，而神所創造的事物並不是神自己。如果我們堅持要去想像神的樣子，結果就會創造出偶像，這偶像不是人手所造，而是從思想中誕生的；而一個從思想中誕生的偶像，就如人手所造的偶像一樣地得罪神。

十五世紀神學家尼古拉．庫薩（Nicholas of Cusa）曾說：「人的智力能夠曉得它對祢一無所知，因為它明白，除非它能夠認識那不可認識的、看見那不能得見的、及於那不可及的，否則它不能認識祢。」[1]

尼古拉又說：「若有人想要提出任何可用來理解祢的概念，我知道那個概念也不能完全說明祢，因為所有的概念最終都終結於樂園的牆外……因此，如果有任何人要說出他對祢的了解，想要提供一個工具來幫助人們了解祢，即便如此，此人仍離祢甚遠……因為祢本是絕對超越於一切人所能界定的概念之上。」[2]

若是憑著自己的喜好，我們往往很容易就將神限縮在我們能夠掌控的範圍內。我們想要讓祂出現在我們能夠利用祂的地方，或者至少是當我們需要祂時，我們能夠知道祂在何處。我們想要的是一個在某程度上能夠為我們所控制的神。我們需要安全感，而知道神是什麼樣的能夠帶來這種安全感，所以對於「神是什麼樣的？」這問題，我們理所當然地將所有我們見過的宗教圖像、所有我們認識或聽說過的最優秀的人，以及所有我們所接納的最崇高概念全部拼湊在一起，當成是問題的答案。

如果這些話聽在現代人的耳裡感到陌生，那只是因為整整半個世紀以來，我們一直將神的存在視為理所當然。神的榮耀不曾向這世代的人顯明。當代基督教所信仰的神，只比希臘羅馬諸神稍微高明些，甚至實際上可能比祂們還差，因為後者至少還有些能力，而基督教的神卻顯得軟弱無能。

如果我們所構想的神並不是真正的神，那麼我們又該怎樣來思考祂呢？如果確實如《信經》所言，神是不可理解的，又如保羅所說，神是不可接近的，那麼基督徒該如何滿足我們對神的渴慕呢？

有段經文可以帶給我們希望：「你要認識上帝，就得平安。」（約伯記 22:21）經過了許多個世紀，這段經文仍然有效。然而，我們該如何認識這一位我們全心全魂竭力追求，卻仍無法捕捉到的神呢？對於認識這一位不可認識的神，我們又該如何負起責任呢？

---

1 Nicholas of Cusa, *The Vision of God*. E. P. Dutton & Sons, New York, 1928. p. 60.

2 同前，pp. 58–59.

在〈約伯記〉裡，拿瑪人瑣法（納阿瑪人左法爾）問道：「你考察，就能測透神嗎？你豈能盡情測透全能者嗎？他的智慧高於天，你還能做什麼？深於陰間，你還能知道什麼？」（11:7-8）我們的主說：「除了子和子所願意指示的，沒有人知道父。」（馬太／瑪竇福音 11:27）〈約翰福音〉（若望福音）向我們揭示，在神這位偉大的奧秘者面前，人類的心智是何其無能為力，而保羅在〈哥林多前書〉（格林多前書）中則教導我們，除了神藉著聖靈在尋求神之人的心中顯明自身之外，我們無法認識祂。

我們渴望認識那不可認識者，理解那不可理解者，體嘗那不可接近者的滋味，這份渴慕源自於人類本性中神的形象。深淵與深淵響應，儘管人的魂因為原始墮落（神學家稱之為「巨大災難」）而被汙染及綑綁，但它仍能感知到自己的起源，渴望歸回。然而，這份渴求如何能實現呢？

聖經的答案很簡單，就是「藉著我們的主耶穌基督」。神在基督裡，藉著基督向我們完全地顯明祂自身，然而，神並不是向著人的理性，而是向著人的信心與愛心顯明祂自己。信是知識的器官，愛則是經驗的器官。神藉著道成肉身來到我們中間；藉著救贖使我們與祂和好，又藉著信與愛使我們能夠進到祂裡面，並且得著祂。

深深為耶穌著迷、十四世紀英國宗教作家羅理查．羅爾（Richard Rolle）說：

> 神實實在在偉大無限，超出我們的心思所想；祂是受造者所不可知的；人不可能照著神的本相來認識祂。然而，就在此時此地，若有一顆心因渴慕神而火熱發燙，她就能夠在非受造之光的照耀下，領受並被聖靈的恩賜所充滿，因而嘗到屬天的喜樂滋味。她就會超越一切眼目可見之物，被高舉直到進入永生的甘甜之中……那時，當我們心思中的每一意念、內心裡一切暗中的活動，都被提升至神的愛中時，在這之中就會有完全的愛。[3]

人的魂可以在柔和的心中藉由個人體驗認識神，並同時與理性的好奇之眼保持著無限的距離，我們可以用下面的話來描述這種矛盾的狀況：

---

3 Richard Rolle, *The Amending of Life*. John M. Watkins, London, 1922. pp. 83–84.

理智的黑夜
卻是心靈的白晝。

——弗德列克・費伯（Frederick Faber）

這位十九世紀英國詩人在他知名的小書《未知之雲》（*The Cloud of Unknowing*）中，用了整本書的篇幅來論述這個觀點。他說，當接近神時，尋求神的人會發現這位神聖的存在居住在幽暗裡，隱身於一團未知之雲中；然而他不應因此氣餒，反而要立志以專一純誠的心志繼續尋求神。這團籠罩在尋求者與神之間的密雲，是為了使他永遠無法僅憑理性之光就清楚地看見神，也無法透過感覺來感受到神的存在。然而，因為神的憐憫，如果尋求者對神的道有信心，並竭力尋求祂，信心就能帶領他突破這層障蔽，來到神的面前。4

西班牙聖徒邁可・莫林諾（Michael de Molinos）也教導我們同樣的道理。在《靈程指引》（*Spiritual Guide*）這本書中，他說神會牽著人的手，引領人的魂走完這條純粹信心的道路：「神吩咐人撇下智性中的一切思慮和推論，跟隨著祂往前……如此，神就讓人憑著單純而難以言傳的信心，乘著愛的羽翼去追求她的良人。」[5]

因為這樣的話及教導，莫林諾被西班牙宗教裁判所判決為異端，並處以終身監禁。他入獄後不久便死去了，但他所教導的真理卻永不磨滅。論到基督徒的靈魂時，他說：「她應當認定，這整個世界以及世上最聰明通達的人所提出的最精煉思想，都不能教她什麼，因為她至愛良人的美善遠超他們的一切知識，讓她深信所有的受造物都過於低俗，不配指教她及引導她有關神的真正知識……然後她應該撇下她一切的理解，帶著她的愛繼續往前。讓她照著神的本相，而不是出於自己的想像和她心中所描繪的形象來愛神。」[6]

「神是怎樣的一位神？」如果這個問題的意思是：「神的**本相**是什麼樣的？」那麼就不會有答案。

但如果我們要問的是：「關於**神的自身**，祂啟示了什麼，是敬虔者的理性所能理

---

4 *The Cloud of Unknowing*. John M. Watkins, London, 1946.
5 Michael de Molinos, *The Spiritual Guide*. Methune & Co., Ltd., London, sixth edition, 1950. p. 56.
6 同前，pp. 56–57.

解的？」那麼，我相信，我們可以得到一個充分而令人滿意的答案。因為神的名誠然是個奧秘，祂的本質不可理解，但因為祂對人的恩眷愛顧，祂已經藉著啟示向我們宣告了關於祂真實自我的某些事情。我們將這些稱為神的屬性。

至高的父啊，天上的王啊，
我們現今要向祢大膽獻唱；
我們要欣然承認祢的屬性，
何等榮耀，數之不盡。

——查理．衛斯理（Charles Wesley）

第三章

神的屬性：關於神的一些真相

不可言說的至高全能者，我魂渴慕見祢。我從塵埃中向祢呼求。然而，當我欲探究祢的名時，祢的名卻對我隱藏。祢隱身在人所不能接近的光中。祢是不可思議、也難以言說的，因為沒有任何言語能夠盡訴祢的榮耀。

然而，先知與詩人、使徒及聖者激勵我相信，我也許能對祢有某程度的認識。因此，我向祢祈求，凡祢樂意向人顯明的關於祢自己的真理，請幫助我找到它們，如同找到那貴重於寶石和精金的寶藏：因為當星辰消沒於暮光中，諸天盡皆化為無有，唯有祢存留之時，我要與祢同住。阿們。

對於心眼已蒙開啟的基督徒而言，探究神的屬性不僅一點也不乏味沉重，還是甜美、引人入勝的屬靈操練。對於一個渴慕神的靈魂而言，再沒有比這更大的樂事了。這樣的心情，就如同下面這段話所描述的：

> 單單坐下思考神，喔何等樂事！
> 默想神思，輕喚神名，
> 何等奇樂，地上無雙。
>
> ——弗德列克・費伯

在繼續動筆之前，似乎有必要對我在本書中使用的「屬性」（Attribute）一詞下個定義。我不是在哲學意義上使用此一名詞，也不侷限在最嚴格的神學意義上使用它。這個詞所要指的，就是任何可以正確地歸諸於神的事物。就這本書的目的而言，神的屬性指的就是**神以任何方式向人顯明的有關祂自身的真實信息**。

這個定義會把我們帶到「神到底有多少個屬性？」的問題上。宗教思想家們對此眾說紛紜。有些人堅稱神有七種屬性，費伯卻稱頌「神有千般的屬性」，而衛斯理則驚嘆道：

> 我們要欣然承認祢的屬性，
> 何等榮耀，數之不盡。

確實，這些人是在敬拜神，而不是在數算神的屬性有多少個；但我們明智的選擇顯然是跟隨那些敬拜之人的洞見，而不是神學家小心翼翼的推算。如果屬性真的是屬於神的，我們同樣不要去數算它們的數目。再進一步說，在我們對神的默想中，屬性的數目並不重要，在這裡我們也只會提到其中幾個而已。

就算有一個屬性真實地說出了神的所是，那也只是某種我們可以想到、並認為可以描述神的真實所是的東西而已。然而神是無限的，祂必定擁有我們根本無法得知的屬性。在我們所能知道的範圍內，一個屬性只是一個來自心智活動的概念，是我們對於神的自我啟示所給予的智性上的回應。它是對於問題的回答，是神對我們關於祂自身之求問的答覆。

神是像什麼樣的？祂是位什麼樣的神？我們能夠期望祂如何對待我們以及所有其他的受造之物呢？這類問題並不只是學術性的，它觸及靈魂的最深處，這些問題的答覆影響著人的生命、性格及命運。

當我們以敬畏的心求問，並謙卑尋求答案時，這些問題無疑是討我們的天父喜悅的。十四世紀的女聖徒朱利安（Julian of Norwich）曾寫道：「神的定旨是要我們全心全意地尋求認識祂，並且愛祂，直到我們在天上得以完全的那日……因為在我們所做的一切事情中，唯有注視造物主，並且愛祂，能夠使我們較少考慮自己，並在心中最大程度地充滿對祂的敬畏與真實的順從，以及對弟兄姊妹的豐盛慈愛。」[7]

神對我們的問題已經給出了答案——當然，並不是所有的答案，但已經足夠滿足我們的智性，並且擄獲我們的心了。祂在大自然中、在聖經中，以及在祂兒子的為人生活中，提供了祂的答案。

7 Julian of Norwich, *Revelations of Divine Love*. Methune & Co., Ltd., London, seventh edition, 1920. pp. 14–15.

神透過祂的創造顯明自身，雖然現代基督徒不再熱中於堅持這個觀點，但在聖經裡神所啟示的話語當中，尤其是舊約裡大衛（達味）的〈詩篇〉、〈以賽亞書〉（依撒依亞）以及新約裡保羅寫給羅馬人的書信當中，都可見到對這個觀點的清楚陳述。在聖經中，神的啟示極為明晰，如同十八世紀英國聖詩作家以撒・華滋（Isaac Watts）所寫的：

主啊，諸天訴說祢的榮耀，
眾星閃耀祢智慧的光芒；
但當我們捧讀祢的話語時，
我們在纖秀的字跡間讀到祢自己。

在基督宗教信息中最神聖而不可或缺的一部分，就是當永存的道成為肉身，居住在我們之中時，透過道成肉身，上帝就如烈火般明亮地向我們顯明了自身。

儘管神透過這三重的啟示回答了我們有關於祂的提問，但答案絕不是顯而易見的。我們必須透過禱告，長時間對聖經話語的沉思默想，以及不間斷的懇切尋求，才能夠得到這些答案。然而，無論真理的光如何明亮，唯有在屬靈上預備好接受它的人才能看見它。「清心的人有福了，因為他們必得見神。」（馬太福音 5:8）

想要準確地思考神的屬性，就必須拒絕某些湧入我們腦海中的詞彙——像是特質、特徵、素質這一類的字眼，它們用在思考受造物時是合適的，也是必須的，但是用在思考神時就完全不恰當了。我們必須打破思考的習性，也就是用思考受造之物的方式來思考造物的主。

也許我們不用詞語就無法進行思考，但是如果我們用錯誤的詞語來思考祂，就會很快地接納錯誤的想法；因為詞語本來的目的是讓我們表達思想，但它們很容易超出適當的界線，進而左右了思考的內容。湯瑪斯・特拉赫恩（Thomas Traherne）說過：「沒有比思考更容易的事了，因此，也沒有什麼事是比正確地思考更難的。」[8] 如果我們有正確思考的時候，那應該就是我們思考神的時候。

---

8 Thomas Traherne, *Centuries of Meditations*. P. J. and A. E. Dobell, London, 1948. p. 6.

人是由身體的各部分共同組成，人的性格則是各種特質的總和。這些特質因人而異，就是同一個人身上的特質，也會因時間而有所不同。人類的性格並非恆久不變，因為構成性格的特質就是不穩定的。這些特質來來去去，有時不明顯，有時很突出，終其一生變化無常。所以，一個三十歲時善良體貼的人，到了五十歲時卻可能變得殘忍易怒。之所以有這樣的改變，完全是因為人是**受造之物**；在一個非常真實的意義上，他是個合成品；他是構成他性格的所有特質的總和。

我們認為人是神聖智慧打造出的作品，這是很自然也很正確的想法。人是神所創造，也是祂所製作。人是如何受造的，這始終是神不曾揭露的諸多奧祕之一；人不知道自己是如何從無有到存有、從無物變成物，可能除了創造出他的那一位神之外，永遠都不會有人知道。

但是，神如何製作人卻不是絕對的秘密，儘管我們對於整件事的真相只知道其中的一小部分，但我們確實知道，人有一個身體、一個魂，以及一個靈；我們知道人有記憶力、理性、意志、智力、感性，我們還知道人擁有良知的奇妙恩賜，這項恩賜使得這一切都有了意義。我們也知道，這一切再加上人的種種素質，組合在一起使他成為一個完整的人。這些都是神以祂無限的智慧安排賜給他的恩賜，它們是音符，共同譜成了「創造」這首最崇高的交響樂曲；它們也是絲線，共同織就了宇宙這幅錦繡的巨作。

即便如此，我們仍是用受造物的思想以及言語來表達這一切。但無論是這樣的思想還是這樣的言語，都不適合用於談論神。《亞他那修信經》（亞大納修信經）說道：

父非由誰作成，既非受造，亦非受生。
子獨由於父，非作成，亦非受造，而為受生。
聖靈由於父與子：既非作成，亦非受造，亦非受生，而為發出。[9]

神存在於自身，也由其自身所構成。祂的存在並不是由於任何人的功勞。祂的本體不可分割；祂並非由各部分所組成，而是一個單獨而統一的整體。

9 The Athanasian Creed.

說神是統一體，不只意味著神只有一位神，還意味著神是簡單、不複雜的，祂與自身是一。這份存在的和諧並非來自於各部分之間的平衡，而是因為祂根本不是由幾個部分所組成。在神的各屬性之間不存在著矛盾與衝突。祂不需要擱置某個屬性，好讓另一個屬性得以運作，因為在祂裡面所有的屬性都是一。整體且一體的神做祂所做的一切工作；祂並不將自己分割成數個來做一個工作，而是在祂存在的完全合一中做祂的工作。

因此，神的一個屬性並不是神的一部分。屬性描繪出神的所是，就我們理性思維的能力範圍內，可以說那就是神的所是，儘管正如我嘗試解釋過的，祂不能夠告訴我們祂的所是究竟為何。當神意識到自己時，祂意識到的自己到底是什麼，只有祂自己知道。「除了神的靈，也沒有人知道神的事。」（哥林多前書 2:11）只有與神等同者，神才能向其傳達祂神性的奧秘；但是設想神擁有一個與祂等同的對象，又淪為知識上的謬論了。

神的屬性是我們所知有關神的實際。這些屬性並不是神所擁有的品質；它們就是神向祂的造物顯明祂是怎樣的一位。例如愛，它不是神所擁有的某樣會忽增忽減、時有時無的東西。神的愛說出了祂是怎樣的一位，當神愛時，祂只是做祂自己。其他屬性亦是如此。

獨一的神！獨一至高的神！
除祢以外，再無別神！
祢是其大無外、其小無內的一！
祢如大海深不可測！
生命皆由祢而來，
祢的生命就是祢至福的合一。

——費伯

第四章

神聖的三一

我們列祖的神啊，祢坐在光的寶座上，我們國家的語言何其豐富，何其優美悅耳！但當我們嘗試講論祢的奇妙時，我們的詞彙又何其貧乏，言語何其單調。每當我們思想祢三一神性的可畏奧秘時，我們不禁以手掩口，默不作聲。

站在那燃燒的荊棘前，我們不求能理解祢，只求能夠按著祢當得的榮耀來敬拜祢，三位一體的那一位。阿們。

沉思神性的三位一體，就如同行走在由思想所鋪成的道路上，穿越伊甸園東的花園，我們所踏足的是神聖的土地。即便我們以最真誠的努力，想要掌握神聖三一那不可理解的奧秘，我們的努力也終必永遠歸於徒勞。只有當我們對神存著最深摯的敬畏之心時，才不至於陷入放肆的臆測。

有些人拒絕承認所有他們無法解釋的事情，所以他們否認神是三位一體。他們將至高者放在他們冷酷、有限的眼界下細細審查，並做出一個結論：神不可能又是一、又是三的。這些人忘了他們的整個生命就是一個奧秘。他們沒有想到，即便是大自然中最簡單的現象，人們對於要如何真實地解釋它們，也只能隱隱約約地知曉；這些看似簡單的現象，並不比神性奧秘更能得到解釋。

每個人都是憑著信心而活，無論是非信徒或是信徒，都是如此；非信徒相信的是自然法則，而信徒則是憑著對神的信心。每個人一生中總會接受某些他不理解的事，即便是最博學多聞的智者，拿他不理解的那個東西去問他：「那是什麼？」他也會啞口無言。這個問題的答案永遠埋藏在超越人類認識能力的未知深淵之中。「神明白智慧的道路，曉得智慧的所在」（約伯記 28:23），但凡人卻永遠不能明白。

繼柏拉圖的洞穴寓言之後，蘇格蘭作家湯瑪斯．卡萊爾（Thomas Carlyle）筆下也描繪過這樣的情景：一個深刻的思想家，不信神的他從小在一個隱蔽的洞穴中長大，有一天，他突然被人帶出洞穴，觀看日出。卡萊爾喊道：

他會如何地驚奇啊，當他初見這個我們每天司空見慣的景象時，他會何等驚喜呢！他既有成人的成熟能力，也有孩子般自由開放的感官，他的整顆心必會因為那幅景象而發燙起來……

在這片由岩石構成的大地上，綠茵與鮮花鋪成了地毯，還有樹木與山川，以及濤聲喧天的眾海洋；頭上是和大海一樣蔚藍深邃的天空；微風在空中輕拂而過；烏雲聚攏，時而放射出火光，時而傾瀉雨雪冰雹；這是什麼呢？他嘆息，這到底是什麼呢？實實在在，我們仍不知道答案；我們也永遠不能知道。10

我們這些看慣了繽紛萬象並已經厭倦無感的人，和上面提到的那位洞穴人是多不同啊。卡萊爾說：

我們並不是因為優越的洞察力而不被這問題難倒，而是因為我們傲慢輕忽，不放在心上——是因為我們缺乏洞察力。因為我們停止思考，所以不再對這個世界感到驚奇……

我們將從黑雲中放射出的火光稱為「電」，煞費心思地研究並發表成果，透過摩擦玻璃和絲綢製造出類似電的東西——但是電是什麼？電從何處而來？將往何處而去？科學為我們成就了許多事情；但是科學仍然是拙劣的學問，它無法告訴我們那深奧神聖的不可知之境到底是什麼樣的，我們永遠無法進入這不可知之境，所有的科學都僅停留在對它的膚淺描述上。在我們進行了一切的科學探究活動之後，這個世界始終仍是個奇蹟。無論是誰，只要開始思考它，就會發現它的奇妙、不可思議與神奇魔力。

卡萊爾在一個世紀多前寫下了這些穿透人心、幾乎是預言般的字句，儘管在那之

10 Thomas Carlyle, *Heroes and Hero Worship*. Henry Altemus Co., Philadelphia. pp. 14–15.

後科技有了驚人的進步，但這一切的成就絲毫不能讓這些話作廢或過時。對這世界，我們仍然是無知的。我們只能重複流行的科學術語來保全我們的顏面。我們駕馭並利用在世界中飛竄的巨大能量；在我們的汽車或廚房裡，我們只需要動動指尖就能控制它，讓它像阿拉丁神燈般地為我們服務，但我們仍然不知道它到底是什麼。

世俗主義、唯物主義，以及生活周遭各種物品的入侵，已經熄滅了我們內在的火焰，使得我們成為一個行屍走肉的世代。我們以言語掩蓋自己的嚴重無知，卻又羞於對這世界表現出驚奇，即使是低聲說出「奧秘」一詞，也令我們感到害怕。

教會從來不曾猶豫於教導三位一體的教義。她不會假裝出一副理解的模樣，而是在世人面前作見證，重複著聖經中的教導。有些人否認聖經中教導神的三位一體，理由是三一神這個概念本身就是個矛盾的詞語。

但是，既然我們不能了解飄落在路邊的一片葉子，也不知道遠處鳥巢中的知更鳥蛋是如何孵化出來的，我們又何必把三一神的概念矛盾當成是個問題呢？莫林諾說：「如果我們承認神是不可思議、遠超我們理解能力的，那麼，相較於我們根據自己的粗陋淺見並用任何形象或受造物的美麗來想像神，我們會更能認識到神的崇高偉大。」[11]

並不是歷來所有自稱基督徒的人都接受三位一體論，但是，正如神在以色列人於曠野中漂流時，在帳幕上方的雲柱裡向他們顯現並向全世界宣告「這是我的百姓」，同樣地，自從使徒的時代以來，對三一神的信仰也始終閃耀在教會的上空，伴隨著她在這條屬天之路上前行。這一信仰有純潔的生活與屬靈的力量為印證。在這面旗幟之下行走的有眾聖徒、教父、殉道者、神秘主義者、讚美詩人、宗教改革者，以及教會的復興者，他們的生活與工作有他們蒙神悅納的印記。無論他們在次要問題上有多少的分歧，但三一神的教義將他們連結在一起。

一顆相信的心會毫無保留地承認神所宣告的一切，並不需要進一步的證明。確實，尋求證明就是承認了心中有所懷疑，得到證明了才信，讓信心成了多餘。凡有信心恩賜的人都會承認一位早期教父的大膽言詞中所蘊藏的智慧：「我信基督為我而死，因為這事難以置信；我信祂從死人中復活，因為這事不可能發生。」

11 Michael de Molinos, *op. cit.* p. 58.

這就是亞伯拉罕（亞伯辣罕）的態度，他在一切證據都不利的情況下仍懷著強烈的信心，將榮耀歸予神。這也是基督宗教歷史上最偉大的思想家之一、人稱「奧古斯丁第二」的安瑟姆（Anselm）的態度，他堅信信心必須先於一切理解的努力。有了信心，自然就會產生對神啟示之真理的反思，信心會先臨到聆聽的耳朵，而非深思熟慮的頭腦。

信道者不是透過理性推敲的過程對神的話語進行思考，方得到信心，他也不尋求哲學或科學對於他信心的確認。他吶喊的是：「喔，全地啊，全地啊，要聽主的話。是的，神是真實的，而人都是虛謊的。」

這是不是在否定學術研究在啟示性宗教中的價值呢？絕對不是。在小心劃定的範圍內，學者仍有十分重要的任務要完成，就是確保聖經經文的純正性，盡可能地忠於原始的話語。他可能要比對各種版本的聖經，找出經文的真正意義。但是他的權限就到此為止了。**他絕對不能以聖言的審判者自居**。他絕對不可用自己的理性來論斷聖言的意義，也不可妄自臧否聖言，裁決它是理性、非理性，或科學、非科學。在闡明聖經的意義之後，是他要受那意義的裁決——絕不是相反。

三一神的教義是心靈的真理。只有人的靈可以穿過幔子，進入至聖所。「求祢讓我在渴慕祢的時候尋求祢，在尋求祢的時候渴慕你；讓我在愛中尋著祢，讓我在尋著祢時愛祢。」[12] 安瑟姆這樣祈求。愛與信安住在神奧秘的內室之中，讓理性在外頭恭敬地跪著吧。

談到祂自己以及聖父並聖靈的時候，基督毫不猶豫地使用複數形：「我們要到祂那裡去，與祂同住。」（約翰福音 14:23）然而，祂又說：「我與父原為一。」（約翰福音 10:30）最重要的一件事，就是我們在思考神時，應將祂想像為三位而又是一體，既不要混淆了祂們的位格，也不要將三一神的本體分割開來。唯有如此，我們才能以正確的方式來思考他，而這也是與祂的榮耀、與我們內在的魂相配的思考方式。

正因為我們的主宣稱自己與父等同，才激怒了當時的猶太宗教徒，最終導致祂被釘死於十字架上。兩個世紀後，亞流（Arius）及其他人對於三一神教義的攻擊，也是以基督宣告自己的神性為目標。在亞流派掀起的論爭中，三百一十八位教父們（當

12 St. Anselm, *Proslogium.* Open Court Publishing Co., LaSalle, Ill., 1903. p. 6.

中有多人曾在早期迫害中受到肉體的殘害，身體殘廢並留下累累傷痕）聚集在尼西亞（Nicene）召開會議，通過他們的信仰宣言，其中一段話是這麼說的：

我信獨一的主耶穌基督，
神的獨生子，
在萬世之前為神所生，
是從神所出之神，
從光所出之光，
從真神所出之真神，
是受生而非受造，
與父為同一本體，
萬物皆藉祂而造。

一千六百年來，這個宣言一直是教義正統性的最終測驗，也當如此，因為新約中有關聖子之神性的教導都濃縮在這神學語言裡面了。《尼西亞信經》也稱頌聖靈為神，並且聖靈等同於聖父及聖子：

我信聖靈，
是主及賜給生命的那一位，
從聖父、聖子所出，
與聖父、聖子同受敬拜，
亦同得榮耀。

除了聖靈是否為聖父單獨所出，抑或是從聖父及聖子而出的這一點有所爭議外，這個古老信經的信條始終為東西方所有教會以及基督徒所堅守，只有一小部分的基督徒是例外。

《亞他那修信經》的作者們極其謹慎地闡明這三個位格彼此之間的關係，在他們能力所及內，盡可能地補足了這個人類思想的空缺，同時不逾越神啟示話語的界線。

《亞他那修信經》中說道：「且此三位不別先後，無分尊卑；三位乃均永恆，而同等。」

這些話和耶穌的話「父是比我大的」（約翰福音14:28）該如何相合？古代的神學家們知曉並寫進了《信經》裡：「依其為神，與父同等；依其為人，稍遜於父。」在這個真理之光強烈到幾乎令人看不清的問題上，這個詮釋受到每個認真尋求真理的人所推崇。

為了救贖人類，永在的聖子並沒有離開過聖父的懷抱；當祂行走在世人之間時，祂稱自己「在父懷裡的獨生子」（約翰福音1:18），並且再次提到自己是「仍舊在天的人子」（約翰福音3:13）。我們承認這裡有極大的奧秘，但是並沒有混淆。在祂的道成肉身中，祂將祂的神性遮蓋起來，但是並沒有將它倒空。當祂穿上人性的外衣時，祂並沒有降低自己，或是讓自己暫時變得比祂在父面前為小。神永遠不會變得比祂自己小。因為讓神變成某個祂不是的東西，那是不可想像的。

神性雖有三個位格，卻是一體，所以也只有一個意志。祂們始終共同作工，哪怕是最小的行動，也從來不是單獨作成，必有其他兩位的默許。神的每一個行動都是由三而一的神共同完成。

在此處，我們不得不以人類的用語來想像神，但是將神與人作類比，結果就是讓終極真理無法得到完整的表達；如果我們一定要思考神，就應該調整受造物的思維和詞彙，使之能夠應用到造物主身上。若是我們想像神的三位格之間會像人一樣，彼此商量、透過交換想法而達成共識，我們就真的犯了一個錯誤，雖然這錯誤是可以理解的。彌爾頓（Milton）在他的名著《失樂園》（*Paradise Lost*）當中描寫神的三位格共商人類的救贖大計，在我看來這一直是個敗筆。

當神的兒子以人子的身分在地上行走時，祂經常向父說話，而父也回答祂；身為人子，祂現今經常在父面前為祂的子民代求。聖父與聖子之間的對話記載在聖經當中，這些對話經常被理解為永在的父與成為人的耶穌基督之間的對話。從永世以來，在神的三位格之間的交流始終是即時、直接的，不需要聲音、發力或動作。

永恆的靜寂中，
神無盡地述說；
除了說話的那一位，

沒有人聽見祂的話，
寂靜仍然是完好的寂靜。

何等奇妙啊！何等配得敬拜啊！
無詩歌也無響聲可聽，
但每時每處，
在愛、智慧與能力中，
天父訴說著祂尊貴的永恆話語。

——費伯

在基督徒當中有一種常見的信念，就是認為在神的三個位格之間有分工，各主一種工作，例如創造是聖父所主的工作，救贖是聖子，重生則是聖靈。這樣說當然有一定的道理，但並非完全正確，因為神不會將自己分割開來，好像其中一位工作時，其他兩位可以袖手旁觀。在聖經的記載中，神的三個位格乃是融洽和諧的一個整體，祂們以這種方式行動，完成了宇宙間一切的奇妙大工。

在聖經中，**創造之功**歸於聖父（創世記 1:1）、聖子（歌羅西／哥羅森書 1:16）與聖靈（約伯記 26:13；詩偏 104:30）。**道成肉身**也是在三位格完全協調一致的工作中完成（路加福音 1:35），雖然只有聖子成為肉身，居住在我們中間，但當基督**受洗**時，聖子從水中上來，聖靈從天降在祂身上，聖父從天上發出聲音（太 3:16, 17）。對**赦罪之功**最美麗的描述也許是在〈希伯來書〉九章十四節，那裡說到，基督藉著永遠的靈，將自己無瑕無疵獻給神；在這裡我們也可以看到三位格的工作乃是一起的。

在聖經各處的記載中，將基督的**復活**分別歸給了聖父（使徒行傳／宗徒大事錄 2:32）、聖子（約翰福音 10:17-18）及聖靈（羅馬書 1:4）。使徒彼得（伯多祿）將人的得救描述為神性三位格的共同之工（彼得前書 1:2），而神在基督徒魂裡的內住，也是聖父、聖子及聖靈三位的內住（約翰福音 14:15-23）。

正如我前面提到過的，對渴慕神的心靈來說，三位一體的教義是給其領受的真理。它無法被圓滿地解釋出來，但我們不應抗拒它，而是應該支持它。這樣的真理只能由神向人啟示，任何人都不可能憑空想像出來。

喔，神聖的三一真神！
純全尊貴的至高者！祢是三位一體！
唯祢永是獨一真神。
神聖的三一真神啊！
尊貴、同等，三位合一。
獨一之神，我們讚美祢。

——費伯

第五章

神的自存性

萬有之主啊！唯有祢能說「我是自有永有者」，而我們這些按著祢形象所造的人也許只能說「我是」。

藉著這樣說，我們承認我們乃是源自於祢，我們的言語不過是祢話語的回聲。我們承認祢是那偉大的源頭，我們不過是因祢的恩惠而存在，我們是祢不完全的摹本，我們對此心存感恩。喔，永在的父，我們敬拜祢。阿們。

三世紀的羅馬神學家諾窪天（Novatian）曾說：「神是沒有起源的。」[13] 正是這個神無起源的概念，將神與一切非神的事物區分開來。「起源」這個詞只能運用在受造之物上。在思考任何有源頭的事物時，我們想到的就不會是神。神是自存的，而所有的受造物卻必然是在某時某刻源出於某處。除了神以外，再沒有什麼是「以自己為起因」（self-caused）的。

藉著努力尋找事物的起源，我們承認自己相信一件事：一切事物乃是由一位非受造者所創造的。熟悉的經驗告訴我們，所有事物都「來自於」其他某個事物。任何存在的事物必然有一個先於它的、或至少等同於它的起因，因為較小的，不能產生較大的。任何人事物可能同時既是結果，又是另外某個人事物的起因；如果這樣一路追問下去，人們就會回到獨一的那一位身上，祂是萬有之因，但祂自身卻不是因為任何事物而有。

孩子會問：「神是從哪裡來的？」這樣問的孩子在無意間承認了一件事：他是受

13 Novatian, *On the Trinity*. Macmillan Co., New York, 1919. p. 25.

造的。在他的思維中，起因、源頭和起源的概念已經根深蒂固。他知道自己周遭的一切事物都是從其他的事物而來，而他只是將這個概念延伸到神的身上而已。

這個小小的哲學家是按照受造者的習性來思考，雖然他缺乏一些基本的資訊，但是他的推理方式是正確的。一定有人告訴過他，**神是沒有起源的**，但他會發現這件事實在難以理解，因為這是一個他完全陌生的概念範疇，並且違背了所有智性生命根深蒂固的內在傾向——追尋起源的傾向；這種傾向會驅使他們不斷向前追溯一切事物的起源，找到那未被發現的開端。

要思索那位不適用於起源觀念的創造者，即使辦得到，也不是件容易的事。正如我們要看見某個在某些條件下才能看見的小小光點，方法不是直視它，而是將目光焦點稍微偏向一邊。

有關非受造者的概念，也是如此。當我們試著將思想集中於那位全然非受造的存有時，我們會一無所見，因為祂居住在人所不能靠近的光中。只有藉著信心與愛，才能在祂經過我們藏身的磐石裂縫時，瞥見祂的身影。莫林諾說：「儘管這種知識仍十分籠統、模糊不清，但因其是超自然的，它反倒能產生出一種對神的認識，更清晰、更完全，遠超我們今生所能形成的任何一種理解，無論那是明智的或特殊的理解。因為所有有形或合乎情理的形象，都與神有無限遙遠的距離。」[14]

身為受造者，人類對於非受造者有一種不自在的感覺，這是可以理解的。對於這位完全在我們熟悉的知識範圍以外的神，祂獨一的存在令我們感到不安。一想到這位獨一的神不需要對我們解釋祂的存有，也不向任何人負責，自存、自立而自足，就令我們惶惶不安。

對於神的觀念，哲學和科學並不總是展現出友善的態度，因為這兩門學問都致力於解釋事物，對於拒絕為自己的存在提供解釋的任何事物，它們自然是滿心不耐。儘管哲學家和科學家承認自己還有許多不知道的事情，但要他們承認有一件事情是他們永遠不能知道、也沒有任何技術可以讓他們去發現的，那就是另一回事了。要承認有一位完全在我們以外的神，祂存在於所有的認知範疇以外，我們不能靠給個名字來打發祂，祂不接受我們理性的拷問，也不輕易回答我們好奇的詢問，這可是需要高度的

14 Michael de Molinos, *op. cit*. p. 58.

謙卑，而我們大多數人都不具備這樣的謙卑。

於是，為了保全自己的面子，我們就將神想成跟我們差不多，或至少是將祂降到我們能夠應付的地步。然而神是何其難掌握呀！因為祂既無處不在又無處可尋，因為「所在」是與物質及空間的觀念有關，但神卻是獨立於這兩者而存在。祂不受時空與運動的影響，全然自立，不受制於這個由祂雙手所造的世界。

無始無終、無上無下，單一、唯獨，
崇高無上的三位，
祢是偉大、永遠、唯一的一體真神！
獨有威嚴，獨有榮耀，
誰能訴說祢奇妙的作為呢？
莊嚴可畏的三一之神！

——費伯

千千萬萬人雖然生活在一個可以自由閱讀聖經的國度，參與教會，也努力宣揚基督宗教，卻可能終其一生連一次都不曾想過或是認真思考過神的存在。一想到這件事，就不免令人心灰意冷。我們之中很少有人曾經讓自己的心專注於那位「自有永有者」，對祂自由地發出驚嘆。

這位自存者的自我是人所不能追溯而得知的，而認知到這一點實在太令人痛苦，所以我們寧願去想想那些對我們有更多實際好處的事物——像是如何設計出更好的捕鼠器，或是讓本來只長出一片葉子的地方可以長出兩片。但是，我們現在正為了這樣的態度付出沉重的代價，宗教的世俗化讓我們的靈性生活陷入了荒蕪之中。

在這個關鍵時刻，有些真誠卻又困惑的基督徒可能會想知道，我嘗試在這本書裡提出的這些概念到底有什麼實用的價值呢？他或許會問：「這對**我的生活**會有什麼影響？」或「生活在這樣的世界上、這樣的時代裡，神的自存性對我和其他像我一樣的人到底有什麼意義呢？」

我的回答是，因為我們是神的造物，這意味著**我們一切的問題，以及問題的答案，都具有神學上的意義**。如果我們想要有一套健全的生活哲學、想要對世界大局有清醒的體認，就必須對於掌管整個宇宙運作的神到底是怎樣的一位神，有所認識。

十八世紀的英國詩人亞歷山大．波普（Alexander Pope）有一句經常被人引用的忠告是這樣的：「先認識自己吧，切莫妄圖窺測神；人的研究對象應該是人。」

如果一板一眼地實行這句話，人類對自己的認識將會停留在最膚淺的表面。因為，除非我們對神是什麼樣的有一點認識，否則不可能知道我們是誰、我們是什麼。正因為如此，自存的神不是乾枯的教條，也不是學院中的遙遠課題；事實上，它與我們息息相關，就像最新的外科技術一樣實際有用。

神按著自己的形象造人，並使人比其他一切萬物更為尊貴，原因為何，只有神自己知曉。但我們必須了解，在人裡面的神的形象不是詩情畫意的幻想，也不是從宗教渴慕中產生的觀念，而是擁有堅實神學基礎的事實，是聖經中自始至終明白教導並為教會所公認，正確理解基督宗教信仰所必須認識的真理。

人是受造的存在，是衍生的、受各樣條件制約的自我，他本身並不擁有任何東西，而是時時刻刻依賴於按照自己形象創造他的那一位。因此，要認識人的真相，就必須認識神的真相。若在思想中抹去神，人就會失去存在的基礎。

基督宗教信仰與獻身的基本信條，就是**神是一切，而人是無物**；在這一點上，基督宗教的教導與東方更先進、更富哲學意涵的宗教不謀而合。人全部的才華聰明不過是對最初那個聲音的一道回音，對那非受造真光的一線反射。陽光若切斷與太陽的連結，就立時消沒；人若離了神，就會重新歸於烏有，他的本相原是虛空，乃因創造的呼喚而從無中生有。

不只是人，所有的存在之物皆源自於這股創造的大能，並依賴這股持續的大能而存在。「太初有道，道與神同在，道即是神……萬物是藉著祂造的，凡被造的，沒有一樣不是藉著祂造的。」（約翰福音 1:1, 3）約翰就是這樣解釋這件事的，保羅也同意他的說法：「因為萬有都是靠祂造的，無論是天上的，地上的；能看見的，不能看見的；或是有位的，主治的，執政的，掌權的；一概都是藉著祂造的，又是為祂造的。祂在萬有之先，萬有也靠祂而立。」（歌羅西書 1:16-17）〈希伯來書〉的作者在這見證上也加上了自己的聲音，他見證：「祂是神榮耀所發的光輝，是神本體的真像，常用祂權能的命令托住萬有。」（希伯來書 1:3）

萬有依賴於神的創造意旨而立，在這種全然的依賴關係中，卻存在著走向聖潔或走向墮落的兩種可能性。人裡面有神的形象，標誌之一就是他擁有道德選擇的能力。根據基督宗教的教導，人選擇獨立於神，並且故意違抗祂的命令，藉此來確認自己的選擇。這個行動破壞了神與祂的造物之間所存在的正常關係；這是拒絕以神為人類存在的根基，並使人類為自己負責。從此以後，他不再是一顆繞著太陽運轉的行星，而是成為自己世界中的太陽，萬物都要繞著他轉動。

關於自我，最積極的主張莫過於神對摩西（梅瑟）說過的：「我是自有永有的。」神之所是以及神的一切，都在這個獨立存在的絕對宣言中表露無遺。然而，在神裡面，自我並不是罪，而是所有可能的良善、聖潔與真理的典範。

人天生即是罪人，因為他以他的自我為出發點，挑戰了神的自我，這是他成為罪人的唯一原因。他在所有其他事上可以樂意接受神的主權，但是在自己的生活裡，他卻拒絕承認神的掌權。對他來說，神統治權的終點，就是他統治範圍的起點。就他而言，他的小小自我取代了神的自我，在這一點上，他在無意間效法了路西法，那位墮落的晨光之子，他在心裡曾說：「我要升到天上，我要高舉我的寶座在神的眾星以上。我要與至上者同等。」（以賽亞書 14:13）

然而，我們的自我是如此不易察覺，幾乎沒有人能意識到它的存在。因為人生而悖逆，他對自己是這樣的人並沒有自覺。他不斷地伸張自我，即便他真的意識到他的自我，他也認為這是件極其正常的事。他願意將自己分享出來，為了達到想要追求的目標，有時他甚至願意犧牲自己，但他絕不肯從寶座上下來。無論他在社會上的地位跌到了多低，在他自己的眼中，他仍是坐在寶座上的國王。沒有人能夠將他的王位拿走，就連神也不能。

罪有許多的表現樣貌，但它的本質只有一個。人作為道德的存在，他受造的目的是在神的寶座前敬拜神，但他卻高高在上、坐在自我的寶座上，宣稱：「我才是我自己的神。」這就是罪的核心本質。但因為這是人的自然天性，人們便覺得這樣沒什麼不好。只有在福音的亮光中，人被帶到至聖者面前，脫去了無知的保護罩時，他才會良心發現，看見自己在道德上所犯的可怕錯誤。

以福音傳講者的用語來說，像這樣面對過烈火中之全能神的人，是「知罪的人」。當基督談到祂差遣到這世上的聖靈時，曾這樣說過：「祂既來了，就要叫世人為罪、為義、為審判，自己責備自己。」（約翰福音 16:8）

基督的這些話最早應驗在五旬節期間，彼得講了基督教會史上第一篇偉大的佈道後，聽眾的反應是：「眾人聽見這話，覺得扎心，就對彼得和其餘的使徒說：『弟兄們，我們當怎樣行？』」（使徒行傳 2:37）這句「我們當怎樣行？」就是每個猛然醒覺自己是個篡位者，正坐在竊佔來的寶座上的人，從內心深處發出的呼喊。

無論多麼痛苦，正是這種尖銳的道德驚恐帶來了真實的悔改，使一個悔罪的人從寶座上走下來，在福音中接受赦免、得到平安，並成為一個健康的基督徒。

丹麥哲學家齊克果(Kierkegaard）曾說：「心靈的潔淨，在於對一件事全心全意。」這句話從反面的角度來說也一樣有道理：「罪的本質，在於對一件事全心全意。」因為當人決意要與神的意志作對時，他就是將神從寶座上拉下來，讓自己在靈魂的小小國度中稱王。這就是罪的毒根。罪雖然會如海邊沙粒般不斷增加，但歸結到底仍是同一個罪。所有的罪皆源自於同一毒根，這就是隱藏在「人生而墮落」這項教條背後的基本原理。

這項受到眾多詆毀的教條主張，尚未悔改的人除了犯罪之外，什麼也不能做，在他所做的一切善行中並沒有真正的良善。即便是他為神所做最好的工作，神也拒絕領受，正如祂拒絕了該隱（加音）的獻祭一樣。只有當他歸還了他從神那裡竊佔的寶座之後，他所做的工作才會蒙神悅納。

保羅在〈羅馬書〉第七章中生動地描繪出，當這種主張自我的傾向仍然存在於一個基督徒的生命裡，成為他不知不覺的道德反射時，這個想要行善的基督徒所要面對的是怎樣的掙扎——他的個人見證完全吻合了先知的教導。在基督降生八百年前，先知以賽亞（依撒意亞）已經指出，罪就是人反抗神的意志，並且主張每個人都有權選擇自己想走的路。他說：「我們都如羊走迷，偏行己路。」（以賽亞書 53:6）我相信，對於罪，再沒有比這句話更精確的描述了。

眾聖徒的見證也與先知和使徒所說的完全一致，就是在人類行為的源頭裡，有一個內在的自我原則，將人所行的所有事全都變為惡事。基督為了澈底拯救我們，必須將我們天然的傾向扭轉過來；祂必須在我們裡面種下一個新的原則，使我們以後的一切行為都是出於榮耀神及造福人的熱切渴望。

那個高抬自我而陷入罪中的老我必須死，而唯一能夠治死老我的工具就是十字架。我們的主說：「若有人要跟從我，就當捨己，天天背起他的十字架來跟從我。」（路加福音 9:23）而多年後，得勝的保羅能夠這樣說：「我已經與基督同釘十字架，現在活著的不再是我，乃是基督在我裡面活著。」（路加福音 2:20）

我的神啊，若是罪的能力猶在，
在我魂裡活出反叛祢的生命，
祢的赦免就仍然不夠，
當與起十字架，將己置於死地。
喔，是愛的神啊，求祢的大能彰顯，
基督復活仍然不夠，
我亦需得著曙光照耀，
使我出死入生，正如基督復活一樣。

——希臘讚美詩

第六章

神的自足性

喔，神啊，求祢指教我們，使我們認識祢是無所需要的神。若有任何事物為祢所需，那一事物就指出了祢的不完全；而我們怎能敬拜一位不完全的神呢？

如果祢是自足的神，那麼祢就不需要任何人，如果祢不需要任何人，那麼祢也就不需要我們。然而，不需要我們的祢，卻尋找著我們。我們也尋求祢，因為我們需要祢，因為我們的生活、行動和存留都在祢裡。阿們。

「父在祂自己有生命。」（約翰福音 5:26）我們的主這麼說，而這就是祂教導的特色：祂總是用一句短短的話，就表達出超越人類思想極限的崇高真理。祂說，神是自足的；這話的終極意義是，祂就是祂自己，別無其他（He is what He is in Himself）。無論神是什麼，神所是的一切，都在祂自己裡面。一切的生命都在神裡面，並且從神而來，無論是最低級的無意識生命形式，抑或是具有高度自我意識的撒拉弗的智慧生命。沒有受造物在自己裡面有生命，一切的生命都是神所賜。

相反地，神的生命不是另一位存在所賜的禮物。若是有另一位存在可以將生命或者是任何禮物賜給神，那麼事實上另一位才是神。對於神的一個基本而正確的想法，就是神是包羅萬有的，人所領受的一切都是從祂而來，但是除了祂先已賜下的事物之外，祂並不領受任何事物。

認為神有所需要，就是認為這位神聖存在是不完全的。「需要」一詞乃是受造之物的用語，不能用於形容創造主。神與祂所造的事物之間存在著自願的關係，但祂與祂以外的任何受造物之間卻沒有必然的關係。祂對於祂所造之物的關心乃是完全出於祂的良善美意，而不是因為受造物能夠供應祂的任何需求，或者是他們能夠使祂更加完全，因為祂本身就已是完全的了。

我們必須再一次將我們的思維方向顛倒過來，試著了解這件獨一無二的事，只有在此處，這個道理才是成立的，在其他任何地方都沒有這樣的情形。我們的思考慣性是認為受造之物中間存在著對彼此的需求。沒有一樣事物自身是完滿無缺的，為了存在，它總會需要它以外的其他事物。例如，一切靠呼吸生存的生物都需要空氣；所有生物體都需要食物與水。將空氣和水從地球上拿走，所有的生命就會立刻滅亡。可以說，一個不證自明的真理，就是任何受造之物若要存活，就會需要其他的受造之物，而一切受造之物都需要神，只有神無所需要。

河流匯集百川而成其大，但神是萬有之源，萬物皆因祂無限的豐美而存在，能夠使祂擴增的川流在哪裡呢？

祢是深不可測的大海，一切生命皆源出於祢，
而祢的生命，是祢狂喜至樂的一體。

——費伯

為什麼神要創造宇宙？這問題始終困擾著喜歡追根究底的人們；但如果我們無法知其原因，至少我們可以知道一件事：祂創造諸世界，不是為了滿足祂某個尚未得到滿足的需要，就像人會建造房屋為自己抵擋冬寒，或是種植玉米來供應他所需的食物。對神而言「需要」一詞完全是多餘的。

因為神的存在超越萬有，這就意味著神無法再升得更高了。在祂之上別無一物，在祂之外也別無一物。對受造者而言，向著祂而來，就意味著高升；離祂而去，就是低降。祂的崇高地位來自祂自己，而不是藉由任何他者之力。正如沒有一物能夠抬高祂，也沒有一物能夠使祂降低。聖經上說，祂藉祂話語的權能托住萬有（希伯來書1:3），祂所托住的事物又怎能抬高或支撐祂呢？

即便是所有人都在突然之間成了盲人，白天太陽也照樣升起，晚間星星照樣在夜空中閃耀，數以百萬計的人受益於日月星辰之光，但後者並不虧欠他們什麼。同樣的道理，即便世上所有人都成了無神論者，神也不會受到絲毫的影響。祂就是祂自己，別無其他，祂與任何一切都無關。人信神既不能在祂的完全上增添什麼；人對神存在的懷疑也無法奪去祂什麼。

祂是全能的神，正因為祂是全能的，祂不需要任何的支持。一位緊張兮兮、低聲下氣地討好人、要人喜歡的神，那不會是一幅令人愉快的畫面。但如果我們仔細觀察現今有關神的常見觀念，我們所見到的卻正是這樣的一幅畫面。二十世紀的基督教將神放在一個需要人來救濟的可憐地位。我們是如此地抬高自己，以至於我們很容易認為神需要我們，甚至為此沾沾自喜。

然而事情的真相是，我們的存在並不會使神更加偉大，我們的消失也不會削減祂一分一毫。我們存在的明確事實，完全是出於神自由意志的決定，而不是因為我們有什麼存在的價值，或是我們滿足了神的什麼需要。

對我們這些天生就以自我為中心的人而言，這個想法最難接受的部分就是神並不需要我們的幫忙。我們總是把神描述成一個忙忙碌碌、有滿腔熱忱卻經常受挫的天父，為了實現祂帶來世界和平及人類救贖的計畫，祂汲汲營營地尋求幫助，但是正如女聖徒朱利安所說的：「我清楚看見神行萬事，即便是再微小的事，祂也不會錯過。」[15] 神做一切的工，祂當然不需要幫助，也不需要幫助祂的人。

有太多傳教事工的呼籲，建立在這樣一種受挫的全能神的假想上。一位能言善道的講者可以輕易喚起聽眾的憐憫，不僅喚起他們對異教徒的憐憫，也喚起他們對神的憐憫。他們憐憫神，因為神長久堅持，努力想要拯救他們，卻因缺乏人的支持以至於失敗。

我擔憂有成千上萬的年輕基督徒投入基督教事工，最高的動機卻只是想要幫助神脫離這個令人尷尬的處境。這位神因為對人類的愛而陷入困境，而祂的能力有限，竟無法自己脫困。這個動機，再加上某種程度值得嘉許的理想主義，以及對於弱勢群體的相當同情，這就是今天許多基督教活動背後的真正動力了。

我要再說一次，神不需要人來捍衛祂。祂是永遠不需要捍衛的那一位。為了用我們能夠理解的習慣用語來跟我們溝通，神在聖經中使用了大量的軍事術語。但祂這麼做的目的，絕不是要我們以為這位至高神的寶座正在遭受圍攻，而大天使米迦勒（彌額爾）和他的天使天軍則捍衛著寶座，以免它在狂風暴雨般的攻擊中被推翻。

這樣想就誤解了聖經想要告訴我們的有關神的一切了。無論是猶太教或基督教都

15 Julian of Norwich, *op. cit.* p. 27.

不會贊成這類幼稚的觀念——一位需要保護的神，只有在得到幫助的情況下才能幫助人；只有當祂在宇宙的正邪較量中勝出時，我們才能指望得到祂的幫助——這樣的神是得不到聰明人的尊敬的，祂只能激起他們對祂的憐憫而已。

我們要正確地認識神，就必須以配得上神的方式來思考祂。我們必須除去腦海中所有關於神的低下觀念，讓祂在我們心中的地位正如祂在宇宙中的地位一樣。基督宗教是論及神和人的宗教，但是它的焦點是神，而不是人。人的重要性只在於他是按著神的形象所造，人的本身一無所是。

聖經中的詩人與先知以悲傷而嘲弄的口吻提到人有多脆弱，說人的氣息不過在他自己的鼻孔裡，人就像草一般，早晨發芽生長，晚上割下枯乾。神為自己而存在，人的存在則是為了神的榮耀，這是在聖經中反覆強調的教導。神的榮耀首先是在天上，但終必顯明在地上。

根據這一切，我們可以開始明白，為何聖經花了那麼多篇幅談到信心的根本重要性，以及為何聖經將「不信」列為致命的罪。一切受造物中，沒有一個膽敢信靠自己。只有神能信靠自己；所有其他的造物都必須信靠神。「不信」實際上就是將信心扭曲了，因為它不信靠永活的神，卻信靠必死的人。不信者否認神的自足性，並且篡奪了那些不屬於他自己的屬性。這雙重的罪，終將摧毀人的靈魂。

神本著祂的慈愛與憐憫，以基督的樣式來到我們中間。從使徒的時代起，這始終是教會一貫的立場。在永生神之子道成肉身的教義中，這個立場成為基督宗教信仰中不可動搖的一部分。然而，近年來，這個立場的意義已經與它在初代教會時代的意義不大相同，甚至有所削弱了。人們將在肉身中顯現的人子耶穌與神性畫上等號，而將所有耶穌的人性弱點及限制歸給了神。

事情的真相是，那在我們中間行走的人子所示範的是一種完美人性，而不是隱藏的神性。由於神的恩慈，祂將神性那可畏的威嚴溫柔地包裹在耶穌的人性之中，以保護人。神在西乃山上對摩西說：「你下去囑咐百姓，不可闖過來到我面前觀看，恐怕他們有多人死亡。」（出埃及記／出谷紀 19:21）稍後，又說：「你不能看見我的面，因為人見我的面不能存活。」（出埃及記 33:20）

今天的基督徒看似認識基督，卻只是憑著肉身來認識祂。他們想要除去祂烈火般的神聖與不可接近的威嚴，來與神交流；但他們所要除去的，正是祂在世上被肉體所遮蓋，當祂升天回到父的右手邊時又恢復其完滿榮耀的那些屬性。時下流行的基督教所信的基督，臉上掛著虛弱的微笑，頭頂上有個光圈。祂成了天上某個大家習以為常的存在，祂愛人，至少是某些人，這些人雖然對祂心存感激，卻沒有什麼太深刻的感受。倘若他們需要基督，基督也照樣需要他們。

我們不要以為「神的自足性」這個真理會讓基督徒的活動陷入癱瘓。相反，它會激勵人們從事一切聖潔的事工。儘管我們需要這個真理來譴責人對自己高漲的信心，但是從聖經的角度來檢視它時，它卻能解除人的必死性在我們心中所造成的負擔，鼓勵我們負起基督那輕省的軛，隨從聖靈的引導，將自己投入於榮神益人的辛勞事工中。因為我們已經聽到了這個蒙福的好消息，那就是無所需要的神甘願降卑自己，與順服祂的兒女同工、在他們裡面做工，也藉著他們做工。

如果這一切顯得自相矛盾——阿們，就讓它這樣吧。真理的不同要素間看似存在著永恆的對立，但是我們等候那一刻的到來，到時我們將知道一切，就如同神知道我們一樣。而在等候過程中，我們有時必須去相信顯然對立的東西。當那一刻來臨時，那現在看似自相矛盾的真理將統一起來，以光明燦爛的整體樣貌出現在我們面前，我們將明白真理本身並不矛盾，矛盾的是我們因罪而有所缺損的心智思維。

與此同時，我們內在的滿足來自於我們樂意在愛中順服於基督的誡命，以及使徒們在聖靈感動中所發出的勸勉。「你們立志行事都是神在你們心裡運行。」（腓立比／斐理伯書 2:13）祂不需要任何人，但是當人有信心時，祂就能透過任何人來做工。在這句話裡傳達了兩件事，我們想要有健康的屬靈生活，就必須同時接受這兩者。整整一代人幾乎完全淡忘了第一件事，而那深深傷害了我們的靈性生活。

†

眾善之源，所有祝福皆湧流自祢；
祢全豐全足，不知何為缺乏；
除祢以外，祢何所渴慕？
然祢雖完滿自足，卻想得到我這不配的心。
唯獨此心，是祢所要。

——約罕．舍夫勒（Johann Scheffler）

第七章 神的永恆性

喔，亙古常在的神，即便我們的理性不能完全明白，今天我們的心仍要歡呼讚美祢的永恆。主啊，神啊，我的聖者啊，祢豈不是自永恆而來嗎？

永在的父，我們敬拜祢，祢的年日無有窮盡；獨生愛子，我們敬拜祢，祢的根源從亙古就有；永遠的聖靈，我們也承認並仰慕祢，祢自創世以前就與聖父及聖子同活、同相愛，並享同等榮耀。求祢擴張並潔淨我們靈裏的殿，好使它們成為適合祢靈的居所，因為祢的靈喜愛正直清潔的心，遠勝世上一切殿宇。阿們。

永恆性（everlastingness）的概念就像一座高聳的山脈，貫穿著整本聖經，在正統希伯來和基督宗教思想中也占據著極重要的位置。如果我們拒絕接受這個概念，就完全不可能思考先知和使徒們所想的事，永恆乃是他們長久以來的期盼與想望。

聖經作者們有時會將「永恆」（everlasting）這個詞用來指「長久存在」（long-lasting，例如「長存的山嶺」），於是有些人就主張，當這些作者們使用這個詞時，心裡想到的並不是無窮無盡的存在，那是後來的神學家才補充進來的意思。這當然是個嚴重的錯誤，而且就我所知，在嚴肅的學術研究中也找不到此說的根據。

有些教師用這個說法來逃避永遠刑罰的教義。這些人拒絕承認道德報應的永恆性，為了不要自相矛盾，他們就被迫要弱化整個「無窮無盡」的概念。這並不是唯一的一個例子。當人們想要抹煞真理，不讓它發聲，以免它看起來像是某種錯謬的見證時，他們就會這麼做。

事情的真相是，即便是聖經沒有教導我們神是終極意義上無窮無盡的存在，我們也必然會從祂其他的屬性做出這樣的推斷；即便聖經中沒有用隻字片語來表達絕對的永恆性，我們也必須自己造出一個字來表達此一概念。因為在聖靈向我們啟示的整本聖經中，無處不見以這個概念為前提、或者暗示這個概念的字句，並且總是被視為理所當然。

無窮無盡的觀念在神的國度裡，重要性就如同碳在自然王國中一般。碳幾乎無所不在，因為它是一切生物的基本元素，並且供應能量給所有生命。同樣地，永恆性的概念也是賦予所有基督宗教教義意義的必要元素。拿掉了永恆性的觀念之後，我實在無法找到任何一項基督宗教信條還能維持其意義。

摩西在聖靈感動下說：「從亙古到永遠，祢是神。」（詩篇 90:2）這句話換成這樣的方式來說仍然符合摩西的意思：「從盡頭到盡頭，祢是神。」在時間之流中，人的心智回顧過去，直到過去逐漸消失於昏暗之中，然後他望向未來，直到思想與想像都不敢疲倦而倒下；神在過去與未來的兩端，卻絲毫不受二者的影響。

時間標記著受造物存在的起始，但因為神從不曾開始存在，時間的觀念也就無法適用在神的身上。「起始」是一個表達時間的用詞，對於居住在永恆中的至高者而言，沒有個人的意義。

沒有一個年代能夠增添祢的歲壽；
親愛的神，祢是祢自己，
祢是祢自身的永恆。

——費伯

神居住在永恆的現在，因此祂沒有過去也沒有未來。當聖經中出現表達時間的用詞時，指的是我們的時間，而不是祂的。當寶座前的四活物晝夜不住地呼喊：「聖哉，聖哉，聖哉，主神是昔在、今在、以後永在的全能者。」（啟示錄／默示錄 4:8）他們是用描述受造物生命流動時所熟悉的三種時態來描述神；這種做法是正確的，也是好的，因為神自己樂意人們這樣看待祂。但是神不是受造的，祂自身就不受我們所說的「時間」那種連續變化的更替過程所影響。

神居住在永恆中，但時間居住在神之內。祂已經度過了所有我們的未來，正如祂已經度過所有我們的過去一樣。英國知名作家魯益師（C. S. Lewis）曾描繪這樣的一幅圖景，也許能夠幫助我們理解這一點：他讓我們想像有一張無窮伸展的白紙，代表永恆。接著，想像我們在那張白紙上畫上一道短短的線，代表時間。正如那條線開始並結束於那張無窮廣大的白紙一樣，時間在神裡面開始，也將在神裡面結束。

神出現在時間的開端，這不是太難理解的事，但是說祂**同時**出現在時間的開端與時間的終點，這就不是很容易理解了——然而那卻是真的。我們將時間理解為事件的相繼發生，那就是我們理解宇宙中連續發生之變化的方法。變化並不是一次同時發生，而是前後相繼發生，一個接著一個的發生，而就是這種「之前」與「之後」的關係讓我們產生了時間的觀念。我們等候太陽從東邊升起，在西邊落下，或等候時鐘上的時針在鐘面上繞過一圈，但是神不必這樣等候。對祂而言，一切將發生的事都已經發生了。

這就是為什麼神可以說：「我是上帝，沒有別的可以跟我相比。從起初我就預言終局。」（以賽亞書 46:9-10）祂能夠一眼同時看見起初，也看見最後。尼古拉．庫薩這麼說：

因為無窮的持續時間，就是永恆的本身，就包括了一切的演替，而一切我們看為相繼發生的過程，都不存在於祢的概念、也就是永恆的概念之後……因此，因為祢是全能的神，祢居住在樂園的圍牆之內，而這道圍牆乃是在後與在前是一、末後與起初也是一的地方，在那裡阿拉法與俄梅戛沒有分別……因為「此時」與「彼時」在樂園的牆所圍成的圈中同時發生。但是，我的神啊，祢是絕對而永恆的那一位，祢存在並發出話語，超越了現在與過去。[16]

當摩西年老時，他寫了我在本章較早前曾引用過的那篇詩篇。在那首詩中，他頌讚神的永恆。對他而言，這真理是個確鑿的神學事實，就像他所熟悉的西乃山一樣屹立不搖，而這一真理對他而言有兩個實際的意義：第一個意義是，既然神是永恆的，祂便可成為祂那受到時間追趕的兒女們的安全居所，直到永遠。「主啊，祢世世代代作我們的居所。」（詩篇 90:1）

至於第二個意義，則不是那麼安慰人心：神的永恆是如此漫長，而我們在地上的

16 Nicholas of Cusa, *op. cit.* pp. 48, 49, 50.

年歲又是如此短暫，我們當如何堅持手中的工作呢？我們當如何逃離那些磨人的事物，不讓它們耗盡我們的心神並最終毀掉我們呢？神充滿並主導了這篇詩篇，因此摩西向祂哀傷地呼求：「求祢指教我們怎樣數算自己的日子，好叫我們得著智慧的心。」（詩篇 90:12）我已認識了神的永恆性，但願我能不辜負祢的教導！

生活在這個浮躁的時代，我們若有足夠的智慧，就會經常來到神的面前、來到永恆的邊緣，長久地默想我們的生活與我們有限的年日。因為我們受造乃是為了活在永恆裡，正如我們受造也是為了活在時間中，我們對這兩者有同樣確定無疑的把握，而身為負責任的道德存在，我們也必須面對這兩者。

傳道者說：「祂將永生安置在人心裡。」（傳道書／訓道篇 3:11）我認為他在這裡同時說出了人的榮耀與悲哀。人的受造原本是為了活在永恆，卻被迫棲居於時間之中，對人而言這無非是個莫大的悲劇。我們內在全心呼喚著生命與永恆，但周遭一切提醒著我們的卻是死亡與變遷。然而，神以永恆的材料創造了我們，對我們而言，這是終將獲得的榮耀，也是終將實現的預言。

這裡我要再次提到基督宗教神學的重要柱石，也就是在人裡面的神的形象，盼望讀者不會覺得我過於重複。受到罪的玷汙，神的形象幾乎被遮蔽到難以辨認的地步；但是，人類對於永恆不朽的渴求不正是出於那神聖形象的一個印記，這難道不是合理的嗎？

祢不將我們委棄於塵土之中：
祢造了人，人並不知其所以；
他以為自己受造並非為了死去，
但祢確實造了他：祢是公義的神。17

這是十九世紀英國詩人丁尼生（Tennyson）以為的道理，而一般人都會從內心深處本能地與他發生共鳴。神的形象在人的心中低語，訴說那永生的盼望：當此生既了，他將繼續存在於某個地方。然而，人還是無法歡喜暢快，因為照亮來到世上之人

17 Tennyson, *In Memoriam*.

的那道光令他的良心無法平息，他有罪以及死亡必將到來的證據都令他膽戰心驚。他夾在由希望和恐懼的石塊組成的石磨中間，日夜受到碾磨。

就在這裡，基督宗教的信息顯出了它甜美而重要的意義。「基督耶穌……已經把死廢去，藉著福音，將不能壞的生命彰顯出來。」（提摩太／弟茂德後書 1:10）這是最偉大的基督徒保羅所寫，就寫在他臨刑之前。

神的永恆性與神的必死性聯合起來說服了我們，信靠基督耶穌是必須的，它不是一個選項。對每個人而言，若不是接受基督，就必然是永遠滅亡的悲劇。我們的主從永恆進入到有限的時間裡，為的是要拯救祂的弟兄們，這些人的道德墮落不但使他們在這轉眼即逝的世界上成了愚人，更成了罪與死的奴僕。

†

在此世，我們人生何其短暫，
憂傷、掛慮又何其短暫；
在彼世，我們有永恆的生命，

卻沒有哀愁的眼淚。
那裏有我神、我王與我的永份，
都在祂完滿無缺的恩典之中。
那時，我們將得見祂榮光，並面對面敬拜祂，
直到永世無休。

——克呂尼的伯納德（Bernard of Cluny）

第八章

神的無限性

我們在天上的父啊：即使必須藏匿在裂開磐石下，或是在祢保護之手的遮蓋中，求祢讓我們得見祢的榮光。無論必須經歷何種損失，是朋友、產業或是我們在世上的時日，求祢讓我們按著祢的所是來認識祢，好讓我們能夠按祢應得的榮耀來敬拜祢。奉我們主耶穌基督的名求，阿們。

世界邪惡，時代已漸漸接近末了，正如當年先知以西結（厄則克耳）在異象中看見火雲再次從聖殿的門離地升起，如今，神的榮耀也已離開了教會。

亞伯拉罕的神已經向我們隱藏，使我們不再能意識到祂的同在，而另一個先祖們不認識的神，卻安居在我們中間。這是我們所造的神，正因為是我們所造，所以我們能夠了解他；正因為是我們所造，所以他永遠不會叫我們詫異、叫我們難以承受，或感到驚恐畏懼，更不可能超越我們之上。

的確，榮耀的神有時會像太陽一樣顯現自己，帶來溫暖和祝福，但在祂醫治人並賜下永恆的光明之前，祂也常令人震驚、將人摧折，或使人眼瞎。我們祖先的神決意要作他們世代子孫的神。我們只需要用一顆充滿愛、信心與謙卑的心來為祂預備住所。我們只需要切切地渴慕祂，祂就會來到這裡，向我們顯明自己。

我們是否應該相信一位聖潔睿智之人的勸戒呢？請聽聽安瑟姆的話；不只是聽聽而已，要將他的話放在心上：

起來吧，渺小的人啊。暫且放下那些佔用你注意力的事，拋開那些惱人的思緒吧。現在，將沉重的掛慮先放在一邊、勞苦的事務都撇在一旁。為神分出一小段的時間，在祂裡面安息片刻吧。進入你心靈的內室，將神以外的所有思慮都關在門外，除了那些能夠幫助你尋求神的思想，別讓任何事物進來。我完整的心哪，現在，說話吧！現在請你向神開口，說，我尋求祢的面，主啊，祢的面，是我唯一尋求的。18

在所有關於神的思想及談話中，最難把握的就是祂的無限性了。即使只是試著想像它，都會顯得自相矛盾，因為要理解這類的概念，必須進行某件我們從一開始就知道永遠無法完成的事。然而，我們還是得試試，因為聖經教導我們，神是無限的，如果我們承認神的其他屬性，那麼也必須接受這一個。

要尋求理解神的無限性，我們切不要因為路途艱難，亦沒有幫助我們攀登高處的工具，就半途而廢。要知道登得越高，望得越遠，我們必須用心，而不是用腳來行走這段旅程。因此，讓我們來尋求「思緒止息，心靈拔高」的狂喜吧，這也許是神樂意賜給我們的，因為我們知道，祂常讓瞎眼的得見光，祂向嬰孩和吃奶的輕聲吐露真理，那些真理是智者和通達之人作夢也無法企及的。現在瞎眼的必得見，耳聾的也要聽見。我們現在要期盼得到黑暗中的寶藏、隱密處隱藏的財富。

無限，當然就意味著沒有限制，而我們顯然不可能以有限的心靈掌握那無限者。在這一章，我不得不以我捉襟見肘的思想來寫作這個主題，而讀者也不得不以他有限的思想來嘗試捕捉這個無限的概念。深哉，神豐富的智慧與知識！祂的判斷何其難測，祂的蹤跡何其難尋！

前面已經提到了我們陷入困境的理由，因為我們要嘗試理解的是一種我們完全不曾想像過的存在模式；在我們所熟知的這個由物質、空間與時間所構成的世界中，不可能找到任何相似之物。諾窪天這樣描述：

> 在這裡，也在我們對於神特性與內涵的所有默想中，我們超出了思想所能應付的範圍，凡人的口舌之才無法盡訴祂的偉大。當我們想要思考和述說祂的尊貴權能

18 St. Anselm, *op. cit.* p. 3.

時，所有的雄辯都無用武之地，所有思想的努力也都不堪一擊。因為神大過於我們的心思本身。祂的偉大無法想像。不，倘若我們能夠想像祂的偉大，祂就比產生這個想像的人類思想更不如了。

神也大過於一切的語言，沒有任何陳述能夠將祂表達出來。確實，如果有任何陳述能夠表達祂，祂就會比人類的語言更小，因為這樣人類就能用自己的陳述來理解並累積我們對祂的認識了。我們關於神的一切思想都不如神的本身，相較於神自己，即便是我們最高明的言詞也都微不足道。19

可惜，人們並不總是精確地使用「無限」一詞，而只是漫不經心地用它來形容「多」或是「大量」的情況，例如，我們會說一個藝術家在他的畫作上投注了「無數」的心血，或是一位老師向他的學生展現了「無窮」的耐心。正確的用法是，這個詞只能用於神，它不能用在任何受造之物上。根據這個道理，辯論「空間是不是無限的」只是在玩文字遊戲而已。「無限」是僅屬於神的概念，除祂以外，沒有第二個適用的對象。

當我們說神是無限的，意思是祂不受限制。無論神是什麼，神的一切都沒有限度。在這裡，我們必須再一次撇開詞語普遍意義的限制。「無窮的財富」與「無窮的精力」是詞語誤用的進一步例子。當然沒有財富是無窮的，也沒有精力是無盡的，除非我們談的是神的財富與精力。

我們必須再次強調，說神是無限的，就是說祂是**不可測量**的。測量是受造之物拿來計算事物的方式。它表達的是限制與不完美，因此無法適用於神。重量描述了地球的物體引力，距離描述的是物體在空間中的間距，長度意味著在空間中的延伸，還有其他我們熟悉的度量法，用來測量液體、能量、聲音、光和數目的多寡。我們也試圖測量抽象的性質，例如我們會說信心的大小、智商的高低、天賦的多寡。

但這些測量都不適用於神，也無法適用，難道這不是很明顯的事嗎？我們可以用這種方式來看待神的手所做的工，但無法用這種方式來看待神。神在一切之上，也在一切之外，更遠超一切。我們對測量的概念可以適用於山嶺和人、原子和星星、重

19 Novatian, *op. cit.* pp. 26–27.

力、能量、數字、速度，但絕不適用於上帝。我們無法在談論尺度、數量、尺寸或重量的同時談論神，因為這些都是用來傳達程度或等級，但在神裡面的一切卻是沒有程度或等級的。

神的一切既不增長，也不加添，更不發展。在神之中的一切沒有多或寡、大或小。祂就是在祂裡面祂所是的一切，無法以思想或言語加以限制。神就是神，就是這麼簡單。

在神聖存有的可畏深淵中，可能隱藏著我們根本一無所知的屬性，這些屬性對我們可能也不具有任何意義，正如憐憫與恩典的屬性對撒拉弗或基路伯也不具有切身的意義一樣。這些神聖存有或許認識神裡面的這些特質，但無法站在切身的角度去感受，因為他們不曾犯罪，因此也不需要祈求神的憐憫與恩典。

所以，也許會有（我相信必然會有）其他一些神本質存有的面向，是祂不曾向祂蒙贖且接受聖靈光照的兒女們啟示出來的。這些神性的隱藏面向只與祂自己有關。它們就像月球的另一面，我們雖然知其存在，卻從不曾探測過它，而它對地球上的人也沒有直接的意義。我們沒有理由去探究那些神未曾向我們啟示的屬性。明白神就是神，就已足夠。

祢的自己裡永遠充滿著
自燃的火焰，
從祢自己祢提取無名香膏！
無須受造之物的敬拜，
亦無須遮掩祢的面容，
祢是真神，亙古不變。

——費伯

神的無限既屬於我們，又叫我們得以知道，這乃是為了我們永恆的益處。然而，思考此事除了覺得奇妙之外，究竟對我們**有何意義**呢？無論從哪個方面來看，都有很大的意義，尤其當我們更認識自己和神時，意義更大。

因為神的本性是無限的，從祂裡面湧出的一切也是無限的。我們這些可憐的受造者，時時因為受到裡裡外外加諸於我們的限制而感到挫折。我們一生的年日實少，短暫如白駒過隙。生命如一場短暫而激昂的音樂會彩排，而我們卻等不到真正上場的時候。我們的技巧才剛達到了某種熟練的程度，就被迫放下手中的樂器。我們實在是沒有足夠的時間去思考、去成為、去展現我們本性天賦允許我們成為的樣貌。

從有限的人轉向無限的神，這是令人何等地心滿意足啊。祂的心裡存著永恆的歲月，對祂而言，時間永遠不會過去；那些在基督裡的人分享祂無限時間與無盡年歲中的一切豐富。神從來不匆忙。祂從不在時間的限制下工作。只要知道這一點，就能令我們的心神平靜安寧。

對不在基督裡的人而言，時間是一頭吞吃人的猛獸；但在新造之子面前，這頭猛獸安靜地臥著，發出心滿意足的聲音，柔順地舔著他們的手。時間是舊人的敵人，卻是新人的朋友，就連天上的群星也在它們的軌道上，為神所喜悅的人征戰。這是我們從神的無限性中可以得知的。

但我們還可以知道更多。神賜與自然界的禮物是有限制的，之所以有限，是因為它們是受造之物。但是在基督耶穌裡永恆生命的恩賜，則和神一樣是無限的。基督徒有神自己的生命，並與神分享祂的無限性。神裡面有足夠的生命可以賜給每一個人，也有足夠的時間讓人來享受它。凡屬自然界生命的，都逃不過從生到死的週期循環，然後消亡，不再存在；但神的生命則歸回自己，永不止息。這就是永恆的生命——認識這獨一的真神，以及祂所差來的耶穌基督。

神的憐憫也是無限的，那些深受內在罪惡感折磨的人都知道這一點，對他們而言，這絕不只是無關痛癢的學術知識。「罪在哪裡顯多，恩典就更顯多了。」（羅馬書5:20）罪的顯多叫世人驚恐，恩典的顯多卻是世人的盼望。罪無論有多少，總是有限的，因為它是有限的思想與情感的產物；但是神的「更顯多」則會將我們引入無限。我們受造之物雖有根深蒂固的頑疾，但神有無限的能力可以醫治。

歷世紀以來，基督徒一直是「神愛世人」這句經文的見證者，但我們仍要等候，等候在神無限的光中看見這份大愛。神的愛無法測度。神的愛比多更多——它永無止境。神的愛之所以無邊無際，是因為它並不是一個東西，而是神的屬性的一個面向，而因為神是無限的，所以祂的愛就可以將祂所創造的整個世界包容在祂裡面，甚至再加上億萬個這樣的世界，也綽綽有餘。

看哪，這就是我們所敬拜的神！
我們信實、永不改變的良友。
祂的愛與祂的權能同樣無限，
不能測度、永無止境。
這就是耶穌，首先的也是末後的那位，
祂的靈引導我們安然返家；
我們要為過去的一切讚美祂，
也要將未來的一切交託在祂的恩手之中。

——約瑟．哈特（Joseph Hart）

第九章

神的不變性

喔，基督，我們的主啊，祢世世代代作我們的居所。如沙般躲藏磐石下，我們也投奔祢，以得安全；如倦鳥知返，我們也飛向祢，以求安息。在自然與人棲居的這個小小世界裡，充滿了意外與變故，但在祢裡面，卻絲毫不見變化與轉動的影兒。我們安居在祢裡面，沒有懼怕或懷疑，就是面對著我們的未來，也沒有一絲憂慮。阿們。

在神的眾多屬性中，神的不變性是其中較容易理解的，但是要真正掌握這個概念，還是必須捨棄我們用來思考受造之物的尋常想法，試著運用當我們盡力去理解神的事情時所得到的珍貴想法。

說神是不變的，就是說神從來不會與自己不一致。在聖經中我們找不到「成長或發展中的神」這樣的概念。對我而言，想像一個會與自身不一致的神，是怎樣都不可能發生的事。我的理由如下：

對一個道德人而言，產生改變，必定是朝著三種方向中的其中之一改變。他可能由更好變更壞、由更壞變更好；或者，如果這個人的道德素質一直很穩定，他會從自己的內在改變起，例如由懵懂變得成熟，或是由某類人變成另一類人。我們可以明顯看出，神不可能朝這三種方向中的任何一種方向變化。祂的完美永遠排除了這樣的可能性。

神不會變得更好。因為祂是全然聖潔的，過去的神不會比現在的神少一點聖潔，未來的祂也絕不會比現在和過去的祂更聖潔一點，祂的聖潔永遠不變。神也不會變得更壞。神那難以形容的聖潔本性不可能出現任何的退化。我實在認為，即使只是想一想也都不可能，因為當我們一嘗試這樣想時，那個我們正在思考的對象就不再是神，而只是其他東西，只是低於祂的某個人而已。我們所想的對象也許是某個偉大而可畏的受造之物，但因為他仍是受造之物，所以他就不可能是自存的創造者。

神的道德本性無法改變，因此祂神聖的本質也不會改變。神的存在獨一無二，而且是實實在在的獨一、無二——也就是說祂的存在有別於其他一切的存在。我們已經看到神如何在祂的自存、自足及永恆性上有別於祂的創造物。憑藉著這些屬性，神就是神，神不是什麼別的東西。一個會經受即便是最小程度變化的東西，就不會是自存、自足的，也不是永恆的，因此也就不是神。

一個存在只有當它是由各個部分所組成的時候，它才會變化，因為變化基本上就是改變整體中各部分之間的關係，或是將某種外來的元素加進原本的整體中。因為神是自存的，所以祂不是由各部分所組成。在祂裡面沒有什麼部分可以加以改變。因為神是自足的，所以沒有任何事物可以從外面進入到祂的存在當中。安瑟姆說：

> 任何由各部分組成的東西就不是一個整體，它在某個意義上是複數的，與自己

並不相同；並且在事實上或概念上，它都有可能解體。但這些事物都與祢不相容，我們實在想像不出有什麼事物能夠比祢更好。所以，主啊，在祢裡面沒有部分，祢是不可分割的一。但祢誠然又是單一整體的存在，祢與祢自己是一，以至於祢沒有一方面不像祢的自己；更恰當地說，祢本身就是一個整體，任何概念都不能將祢分割。[20]

「神現在是如何，祂過去就一直是如何；祂過去一直是如何，現在及將來也永遠會是如何。」神所啟示的關於自己的話語，永遠不會修改；受聖靈啟示的先知和使徒所說關於神的話，也永遠不會廢去。祂的不變性保證了這一點。

將神的不變性和人的易變性放在一起看時，最能顯出前者極致完全的美。在神身上不可能發生改變，而在人身上則不可能逃避改變。無論是人還是人所處的世界，都不是固定的；人和世界恆處於變化之流中。人出現在這世上一小段時間，笑一下、哭

20 St. Anselm, *op. cit.* pp. 24–25.

一下、工作一下、玩樂一下，旋即便離開，將空間讓給後來的人，一代又一代，如此循環不已。

有些詩人在人生無常的律則中找到了病態的趣味，他們以靡靡之音的調子歌頌起永恆的變化。奧瑪（Omar）這個製作帳篷的人就是其中一個，他用感傷而幽默的語調歌頌令人類痛苦的兩大頑疾——無常及必死性。「別粗魯地拍打你手上的陶土，」他勸告陶匠，「你隨意玩弄的也許是你祖父的骨灰呢。」他也提醒狂歡者，「當你舉杯暢飲紅酒時，你也許正親吻某位作古已久的美人的芳唇。」

這些詩句以溫和的幽默表達出來，為他的四行詩賦予了閃耀的魅力，但無論是多麼優美，整首長詩卻充滿了無可救藥的病態。就像鳥兒被那條將要吞食牠的蛇所惑，詩人也對那要毀滅他和世世代代人類的死敵神魂顛倒了。

聖經中的作者也面對著人類的易變性，不同的是，他們的心態健康，在他們的言語中傳遞出一股健全的力量。他們發現了治癒這種頑疾的藥方。他們說，神永不改變。無常的法則統治著墮落的世界，但神永不改變，信心之人最終在神裡面找到了永恆不變。與此同時，變化不再與天國子民為敵，反而成了他們的助力。發生在他們裡面的變化乃是由內住的聖靈親手作成。使徒保羅說：「我們眾人既然敞著臉得以看見主的榮光好像從鏡子裡反照，就變成主的形狀，榮上加榮，如同從主的靈變成的。」（哥林多後書 3:18）

在一個變化與敗壞的世界中，即便是信心之人也不能有全然的喜樂。他本能地追求不變，並為了那些逝去的可愛、熟悉事物而傷感。

主啊！我的心憂傷，因這無常易變的世界；
在無休無止的賽程、反覆多變的地貌中，
生命如單調的風景飛逝：
但變化在祢裡找不到自己影子，
也不能在祢靜默的永恆中激起任何回響。

——費伯

費伯的這些話可以在每個人心裡引起深刻的共鳴；然而，我們也許會悲嘆世事多變、缺乏穩定性，但在這樣一個墮落的人世間，改變的能力正是我們的至寶，是從神而來的無上恩賜，值得我們感恩不盡。因為對人類而言，救贖的可能性就在於人類的改變能力。悔改的本質就是從原本的某類人變成另一類人：說謊的人變成信實的人，偷竊的人變成誠實的人，淫蕩的人變純潔，驕傲的人變謙卑。整個生命的道德質地都改變了。

人的思想、慾望、情感全部得到了更新變化，不再是過去的那個自己了。這種改變如此澈底，以至於保羅稱那個過去的人為「舊人」，並稱現在的這個人為「新人」，他說：「這新人在知識上漸漸更新，正如造他主的形象。」（歌羅西書 3:10）

這種變化比任何外在行為的改變更為深刻，也更根本，因為它還包括了接受另一個更高品質的生命。我們的舊人再好，充其量也只擁有亞當的生命，但新人擁有的卻是神的生命。這並不只是一種說法而已，而是實實在在的形容。當神將永恆的生命注入到人的靈裡時，人就成了更高等級的全新存在的一員。

不變的神在執行祂的救贖工作時，充分地利用了改變，並透過一連串的改變達成祂最終永恆的目的。這一點在〈希伯來書〉中表達得十分清楚：「祂是除去在先的，為要立定在後的。」（10:9）這句話可以總結聖經裡的教導。神廢棄了臨時性質的舊約，並以永遠的新約代替了它的位置。當逾越節羔羊的血流出時，山羊與公牛的血便失去了它的重要性。律法、祭壇和祭司職事全都是暫時的，且都要改變；如今神永恆的律法已經永遠銘刻在人鮮活而敏銳的心靈裡。古老的聖所不再有了，但新的聖所永遠存留於天上，有神的兒子在那裡作祂永遠的祭司。

在這裡，我們看見神利用「改變」這個卑微的僕人來祝福祂蒙贖的子民，但神自己並不受改變的法則支配，宇宙中發生的任何變化都無法影響祂。

萬物的改變都宣告同一件事：
我主永不改變。

——查爾斯．衛斯理

實用性的問題又再次浮現了。「知道神永遠不變這件事，對我有什麼用處呢？」有人問，「這整件事不就只是個形而上的哲思而已嗎？思考這件事也許會給思考類型特殊的人帶來某種滿足，但是對務實的人來說並沒有任何真正的意義吧？」

如果「務實的人」指的是那些完全沉浸在世俗事務當中，對基督的宣告、自己靈魂的福祉或是未來世界的好處漠不關心的人，那麼對他們而言，像這樣的一本書自然不會有任何的意義；而且遺憾的是，其他認真看待宗教的書籍，對他們也都不會有任何的意義。

儘管這樣的人還是佔了大多數，但他們絕不是所有的人。就像聖經中所述，還是有七千人未曾向巴力（巴耳）屈膝（列王紀上 19:18），這些人相信他們受造的目的乃是為了敬拜神，並享受祂的同在直到永遠，而且他們渴望盡可能地認識神——就是他們盼望要永世與祂同在的那一位。

在這個世界上，人們會遺忘我們，會因為他們的私利而改變對我們的態度，並且動不動就因為微不足道的原因改變對我們的看法。因此，知道這位與我們有關的神永不改變，無論是今時、已過或將來的永遠，祂對我們的態度始終不變，這樣的認識豈不是能夠帶給我們奇妙的力量嗎？

認識到我們在天上的父親永遠不會與自己前後不一，這將為基督徒的心靈帶來多大的平安啊。無論何時，當我們來到祂面前，永遠不需要擔心祂會不樂意接待我們。祂總是接納哀傷、困苦的人，正如祂接納愛祂、信祂的人。祂沒有上下班時間，也從來不會在某段時間休息不見客。祂從不改變祂對任何事物的看法。今日今時，祂對祂所造的人——嬰孩、有病的、墮落的、有罪的人——是什麼感受，當初祂差遣祂的獨生子來到世上為人受死時，就是什麼感受。

神永遠不會改變心情，祂的感情從不冷卻或是失去熱誠。祂現在對罪的態度，就和當初祂將罪人逐出伊甸園時一樣；祂現在對罪人的態度，也和當初祂伸出手呼喊「凡勞苦重擔的人，可以到我這裡來，我就使你們得安息」（馬太福音 11:28）時沒有不同。

神永不妥協，祂也不需要人的好言相勸。祂不會因為勸服而改變祂說過的話，也不會因耳根子軟就答應了人自私的禱告。當我們盡一切的努力尋求祂、討祂喜悅、與祂交流時，我們要切記，必須改變的是我們，「因我耶和華是不改變的」（瑪拉基書／馬拉基亞 3:6）。我們只需滿足祂清楚說明的條件，使我們的生命與祂顯明的旨意合拍，祂無窮的大能就會如啟示真理的聖經福音書中所記，立刻在我們身上運行。

萬有之泉，眾善之源，
祢永不改變！
無常幻影，不能遮蔽，
祢威榮常在！

地或其力，均會消失，
一切但憑，我主旨意；
唯獨真神，永世不移，
自有永有，穩妥至終。

——《沃克文集》（Walker's Collection）

第十章 神的全知

主啊，祢知道萬事；我坐下，我起來，祢都曉得，祢也深知我一切所行的。沒有什麼事是我能告訴祢的，想要向祢隱藏任何事，也是徒然。

在祢全知的光中，我像個孩子般純真無知。求祢幫助我拋去一切掛慮，因祢深知我所行的路，在祢試煉我後，我必如精金。

阿們。

說神是無所不知的，就是說祂擁有全足的知識，所以祂不需要學習。更進一步地說，神從不曾學習什麼，祂也不能學習什麼。

聖經教導我們，神從來不曾向任何人學習：「誰曾指示耶和華的靈，或作祂的謀士指教祂呢？祂與誰商議，誰教導祂，誰將公平的路指示祂，將通達的道指教祂呢？」（以賽亞書 40:13-14）「誰知道主的心？誰作過祂的謀士呢？」（羅馬書 11:34）先知以賽亞和使徒保羅的這些問句都宣告了一件事：神從來不曾向人學習。

從這裡，只需要再前進一步，我們就可以得出這個結論：神不能學習。要是神曾在某個時候、以某種方式接受了某種知識，而這知識是祂從永世以來就沒有、也一直不曾擁有過的，那麼神就是不完美的，這表示祂還需要自己以外的東西。如果我們想過神必須坐在某位教師的腳邊向他請教——即使那位教師是天使長或撒拉弗——那麼我們所想的只是某個人而已，而不是創造天地的至高神。

我認為，用這種否定的方法來推論上帝的全知性是正當的。因為我們從知性上對神的認識仍是如此少、如此模糊，因此，透過思考「神不是什麼」這種簡單的權宜之計，可以讓我們在認識神的艱苦道路上獲得相當的進展。迄今為止，在探究神各樣屬性的過程中，我們不得不運用這種否定的思考方式。我們已經明白，神沒有源頭，沒有開始，不需要幫助者，祂不會改變，在祂的本質存在中沒有任何限制。

聖經的作者們也運用了同樣的方法，也就是透過告訴人們**神不是什麼樣的**來讓人明白**神是什麼樣的**。以賽亞喊道：「你豈不曾知道嗎？你豈不曾聽見嗎？永在的神耶和華，創造地極的主，並不疲乏，也不困倦，祂的智慧無法測度。」（以賽亞書 40:28）相較於一篇放棄使用否定方法的上萬字論文，神自己那句石破天驚的宣告「我耶和華是不改變的」向我們道出了更多有關神的全知性的訊息。

神的永久信實是使徒保論用否定句陳述出來的，他說「那無謊言的神」（提多／弟鐸書 1:2）；而當天使宣告「出於神的話，沒有一句不帶能力的」（路加福音 1:37）時，這雙重的否定加起來，就成了一句響亮的肯定。

不僅聖經教導我們神是全知的，從關於神的所有其他教導中，我們也能夠推導出這個結論。神對自己有完全的認識，又因祂是一切事物的源頭與創始者，因此我們就能得知：一切能夠知道的事，祂都知道。宇宙間任何一處存在或可能存在的一切事物的各種大小知識，無論是在過去任何時間，或是在尚未到來的哪個年代，祂都能夠即時地知道、完完全全地知道。

神能夠立即而且不費吹灰之力地知道一切物質和所有事物，一切心靈和個別心靈，所有的靈和個別的靈，所有的存在和個別的存在，所有的受造者和個別的受造者，所有的群類和個別的群類，一切律法和每一條律法，一切的關係、原因、思想、奧秘、謎團、感覺、渴望、未說出口的秘密，所有掌權者、所有人格、所有天上地上可見不可見的事物、動作、空間、時間、生命、死亡、善良、邪惡、天堂、地獄，祂都曉得。

神全然知曉一切，因此祂對事物的認識沒有高低之分，祂都一樣明白。祂從不曾發現什麼，也從來不曾感到驚奇或詫異。祂從不對任何事情感到疑惑，也不會尋求訊息或提出問題，除非是為了人們的益處而刻意這麼做。

神是自存的，也是自足的，祂完全認識自己，而那是沒有任何受造物能夠認識的。「除了神的靈，也沒有人知道神的事。」（哥林多前書 2:11）只有無限者能夠認識那無限。

在神的全知裡，我們看見了神性中對立的兩個面向：恐怖與魅力。神完全澈底地認識每一個人，這令那些想要對神隱瞞某些事情的人感到驚恐——他們可能有某些尚未離棄的罪、或是暗地裡做過冒犯人或神的罪行。神知道人每個藉口的漏洞，而且從不接受我們為自己罪行所作的無力辯解，因為祂完全知道背後的真正原因，這令未蒙恩的人感到恐懼戰兢。

「祢將我們的罪孽擺在祢面前，將我們的隱惡擺在祢面光之中。」（詩篇 90:8）看見亞當的子孫想要躲在另一個花園的樹叢間是何等可怕的一件事啊！但他們能躲到哪裡去呢？「我往哪裡去躲避祢的靈？我往哪裡逃，躲避祢的面……我若說：『黑夜必遮蔽我，我周圍的亮光必定成為黑夜』，黑夜也不能遮蔽我使你不見，黑夜卻如白晝發亮。」（詩篇 139:7, 11-12）

然而，對我們這些已經逃往避難所，並抱持著福音所給予的盼望的人，知道我們的天父完完全全地認識我們，這又是何等難以言喻的甘美啊。沒有一個搬弄是非的人能夠說我們閒話，沒有任何敵人能夠控告我們；不會有被人遺忘的幽魂從某個隱藏的衣櫃裡蹦出來，將我們見不得人的過去暴露出來，令我們羞愧；也不會有未知的性格弱點會突然顯露，並使神離棄我們，因為早在我們認識祂前，祂就已經完全認識我們，祂早已知道一切不利於我們的事，卻仍呼召我們來到祂面前。「大山可以挪開，小山可以遷移；但我的慈愛必不離開你；我平安的約也不遷移。這是憐恤你的耶和華說的。」（以賽亞書 54:10）

我們在天上的父知道我們是由什麼所構成，祂顧念我們不過是塵土所造。祂知道我們天性悖逆，但祂為自己的緣故向我們施以拯救（以賽亞書 48:8-11）。祂的獨生愛子在地上與我們同行時，親自感受了人所能承受的各樣痛苦，到了極致。祂對我們的苦難與逆境的認識不只是字面上的認識，而是親身經歷，因此祂對我們能夠溫暖而富有同情。

無論我們遭遇了什麼，神都知曉也必看顧，除祂以外，沒有人能夠像祂那樣地知曉並看顧我們。

✝

為將喜樂帶給世人；
祂成為小小嬰孩；

祂成為憂患之子；
祂與人同哀傷。

勿以為你曾有過一聲嘆息，
創造你的主不曾在旁聽見；
勿以為你曾流過一滴眼淚，
創造你的主不曾在旁看見。

喔，祂將祂的喜樂給了我們，
好消除我們的憂傷；
祂坐在我們身旁，與我們同哀傷，
直到憂傷消逝不再。

——威廉・布萊克（William Blake）

第十一章

神的智慧

喔，基督啊，祢曾與我們一樣，在諸事上受了試探，只是不犯罪。

求祢使我們剛強，勝過要作聰明人的誘惑，以及要被那些同我們一樣無知的人讚為聰明的渴望。我們願意離棄我們的聰明以及我們的愚昧，投奔於祢，因祢就是神的智慧與能力。阿們。

在對神的智慧進行簡短的研究前，我們以對神的信心作為開始。照著之前的觀點，我們不該為了相信而去了解，而是應該先有了信心，再去尋求了解。因此，我們不該尋找證據來證明神是智慧的。不相信的人不會因為任何證據而心服口服，但敬拜神的人不需要任何證據，他就是信。

先知但以理（達尼爾）呼喊道：「神的名是應當稱頌的！從亙古直到永遠，因為智慧能力都屬乎祂。祂……將智慧賜與智慧人，將聰明賜與聰明人。祂顯明深奧隱秘的事，知道暗中所有的，光明也與祂同居。」（但以理書 2:20-22）相信神的人，對先知的這些話，以及天使們的頌讚「頌讚、榮耀、智慧、感謝、尊貴、權柄、大力都歸與我們的神，直到永永遠遠」（啟示錄 7:12）必然會有所回應。「神必須提供證據來證明祂的智慧或能力」的念頭，從來不會出現在他們的腦海中。祂是神，這不就夠了嗎？

基督宗教神學宣告神是智慧的，這個宣告的意義，遠超過它所說出、或者是它能夠說出的意涵，因為這乃是嘗試用一個相對無力的詞來表達人所不可能理解的豐富意義，這個觀念本身的重量就足以摧毀這個詞，令它完全失去意義。詩人說：「祂的智慧無法測度。」（詩篇 147:5）神學在這裡要竭力表達的，正是神的無限性，一點不差。

「無限」一詞描繪的既然是獨一無二的事物，當然不能有任何字詞去修飾它。我們不會說「更獨一無二」或是「非常無限」。在無限面前，我們只能靜默而立。

確實，神為了讓祂創造出來的人可以獲得最高的益處，也會賦予他們恰當的智慧，但那不過是受造者的智慧；與神那無邊無際的智慧相較，無論是個別或全體的受造者所擁有的智慧，都少得可憐。因此，當使徒保羅稱神是「獨一全智的神」（only wise）時，他的說法是正確的。也就是說，神的智慧蘊藏在祂自己裡面，人或天使的智慧無論多麼光彩奪目，都不過是反照從至高者在天上的寶座所流洩出的非受造光輝而已。

神的智慧是無窮無盡的，這觀念乃是一切真理的根基。這個基礎信念保證了所有其他關於神的信念的合理健全性。既然神的存在與受造之物無關，我們對祂的想法自然也不可能影響祂，但為了我們的道德健全著想，我們必須將無窮智慧的屬性歸與宇宙的創造者及維持者。因為拒絕這麼做，就是背叛了我們內在將我們與禽獸區分開來的靈。

在聖經中，當「智慧」這個詞用在神和良善之人身上時，始終帶著強烈的道德意涵，含有純全、慈愛、良善的意思。精明狡猾的智慧通常被歸給惡人，但這樣的智慧是奸詐的、虛假的。這兩種智慧恆處於衝突中。事實上，當人們從西奈山或各各他的山頂來看時，就會發現這世界的整個歷史，只是神的「智慧」與撒旦、墮落人類的「狡猾」之間的競爭罷了。但到了最終，那不完全者必定要倒在完全者的腳下。神已經警告，祂要「叫有智慧的中了自己的詭計」（哥林多前書 3:19），「廢棄聰明人的聰明」（哥林多前書 1:19）。

智慧最重要的能力，就是能夠設計完美的目標，並採取最完美的手段來達成這些目標。智慧能夠從開始就看到結局，所以也就不需要猜測或揣摩了。智慧既能參透萬事，也能明白個別事物與全體的恰當關係，因此能夠以無瑕的精準性朝向預定的目標邁進。

神一切的作為都是在完美的智慧中完成的，祂首先是為了自己的榮耀，其次是為了最多數人的、最長遠的、最大的利益。而祂一切的作為都是純全、智慧、良善的，這三者的道理彼此相通。祂的作為是最好的作為，不僅如此，就連想像也想像不出有更好的做法。無限智慧的神必然是以有限的受造者不可能改良的方式來做工，如同〈詩篇〉所說：「耶和華啊，祢所造的何其多，都是祢用智慧的方法造成的；遍地滿了祢的豐富。」（104:24）

神若沒有創造宇宙萬物，神的智慧就會永遠封藏在神聖本質的無底深淵中。神創造萬物，好讓祂可以享受它們，而它們也在祂裡面歡欣。「神看著一切所造的都甚好。」（創世記 1:31）

歷世紀以來，許多人宣稱他們不能相信這樣一個充滿錯誤的世界裡，竟然存在著基本的智慧。伏爾泰在他的小說《憨第德》（*candide*）中塑造了一個堅定的樂觀主義者，將他取名為潘格羅斯博士，並藉由潘格羅斯之口，一再表明「現在這個世界是所有可能存在的世界中最好的一個」這種哲學。當然了，這位憤世嫉俗的法國文學家十分樂於將這位老教授放進各種情境中，好令他的哲學顯得十分荒謬。

比起老說自己有「充分理由」的潘格羅斯博士，基督徒的生命觀要更為實際些。基督徒認為此時此刻的世界**並不是**所有可能存在的世界中最好的世界，而是籠罩在巨大災難陰影中的世界，這個巨大災難就是人類的墮落。受到聖靈啟示的聖經作者們堅定地認為，一切的受造之物現在都在人類墮落的巨大打擊下一同嘆息、勞苦。

聖經作者們不是像潘格羅斯博士那樣，試圖提供各種「充分理由」，而是宣稱「因為受造之物服在虛空之下，不是自己願意，乃是因那叫他如此的」（羅馬書8:20）。這些經文沒有要為神對待人的方式提供辯護，只是簡單地宣告一個事實而已。神的存在就是祂自己的辯護。

然而，我們流下的淚水中仍有盼望。當基督凱旋的時刻到來，這個受苦的世界將被帶進神之兒女榮耀的自由當中。因為對新造的人而言，黃金年代並不是過去，而是未來；當我們迎接那個時代的到來時，這個困惑的宇宙將曉得，神確實以諸般的智慧將這份恩典充充足足地賞給我們。在目前這期間，我們將盼望寄託在獨一全智的神、我們的救主身上，並耐心地等候祂仁慈的計畫逐步鋪展開來。

儘管有眼淚、有痛苦、有死亡，我們仍然相信，那位造我們的神是無限智慧與良善的神。正如亞伯拉罕並沒有因不信而懷疑神的應許，以致動搖，反倒因信而堅固，將榮耀歸與神，一心相信神所應許的必定成就。

我們也要將我們的盼望只建立在神的身上，在無可指望時仍抱有指望，直到黎明破曉。我們的心安息於**神的所是**裡。我相信，唯有這樣才是真實的信心。任何需要感官證據支持的信心，都不是真實的信心。「耶穌對多馬說，你因看見了我才信；那沒有看見就信的有福了。」（約翰福音 20:29）

信心的見證是這樣的：無論這墮落的世界看起來如何，神一切的作為都是在完全的智慧中作成的。永生神之子的道成肉身就是神大能的作為之一，而我們能夠確信，只有那無限者才可能完美地完成這令人敬畏的作為。「大哉，敬虔的奧秘！無人不以為然，就是：神在肉身顯現。」（提摩太前書 3:16）

正如神的一切作為一樣，贖罪的工作也是以無瑕的手法完成的。儘管我們對此僅有極少的理解，但我們知道基督代贖的工作使人與神完全地和好了，並為所有信神的人打開了進入天國的大門。我們所要關心的不是解釋，而是向人宣告這個好消息。事實上，我真不知道神能否叫我們明白十字架上所發生的一切事情。按照使徒彼得（伯多祿）的說法，就連天使也不曉得，儘管天使們是多麼渴望詳細察看救贖這件事（彼得前書 1:12）。

福音如何運作、人如何重生、聖靈如何進入到人性裡、如何終極地推翻罪惡的權勢，以及最終如何建立基督公義的國度——從過去到現在，這一切全都是出自神那無限豐滿的智慧。即便是最聖潔的觀察者在天上的祝福裡用他們最銳利的眼光，都不能在神成就這一切的過程中找出半點瑕疵；即便是集合撒拉弗和基路伯的智慧，都不能對這神聖的計畫提出任何改進的意見。「我知道神一切所作的都必永存；無所增添，無所減少。神這樣行，是要人在祂面前存敬畏的心。」（傳道書 3:14）

神擁有無限的智慧，這個真理應當成為我們的信條之一，這點是極為重要的；但是這仍然不夠。我們必須藉由信心的操練與禱告，將這個真理帶進日常生活的實際世界中。

要積極地去相信，為了我們現在的益處和永恆的福祉，我們在天上的父親不斷地在我們周遭安排適當的環境，這會為我們的靈魂帶來真正的祝福。我們當中的大部分人，可能終其一生都不常禱告、不常做計畫，並且追逐名利，雖然心存盼望卻從來沒有把握，心底總是害怕自己會錯過通往天國的道路。這是對真理的糟蹋，而且這樣的人心裡永遠得不到真正的平安。

但我們有一條更好的道路，那就是棄絕我們自己的智慧，並接受神那無限的智慧。我們總是一味看著前方的路；這原本是很自然的事，但這對靈命的長進卻是一種攔阻。從我們轉向並相信神的那一刻開始，神就親自為我們永遠的福樂負上完全的責任，並準備好要接管我們的生命了。這是祂的應許：「我要引瞎子行不認識的道，領他們走不知道的路；在他們面前使黑暗變為光明，使彎曲變為平直。這些事我都要行，並不離棄他們。」（以賽亞書 42:16）

蒙上眼睛，讓祂領你前行，
愛就毋須知道一切；
天父帶領的孩子不問
我們要往何處行。
即使前路未知，
重重險阻。

——格哈德．特爾斯特根（Gerhard Tersteegen）

神不斷鼓勵我們在黑暗中信靠祂：「我必自前面行，修平崎嶇之地。我必打破銅門，砍斷鐵門。我要將暗中的寶物和隱密的財寶賜給你，使你知道提名召你的，就是我耶和華以色列的神。」（以賽亞書 45:2-3）

神許許多多大能的作為，都是繞過世人或天使探察的眼睛，在暗中做成的。曉得這一點，真叫人感到振奮啊。當神創造諸天與地時，黑暗籠罩在淵面上。當永生神兒子化成肉身時，有一段時日是暗藏在可愛童貞女的胎中。當祂為世人犧牲生命時，天地都昏暗了，無人看見祂最終的情形。當祂從死者中復活時，那正是「黎明的時候」（路加福音 24:1），無人看見祂復活的情形。

神似乎要對世人說：「你們只需知道我是誰，那就夠了，因為你的盼望與你的平安，都在於認識我是誰。我將要做我要做的，至終我所做的一切都將顯明出來，至於我如何做成，則是我的秘密。信靠我，別怕。」

神的良善會為我們的最高福址設想，神的智慧會制定完美的計畫，而神的能力則會實現這個計畫；有了這一切，我們還欠缺什麼呢？我們的確是一切受造之物中最受神喜愛的了。

在造物主偉大設計中，
全能與智慧閃耀光芒；
通過祂奇妙安排，
祂的作為訴說祂名的榮耀。

——湯瑪斯·布拉克洛克（Thomas Blackblock）

第十二章

神的全能

我們在天上的父啊，我們曾聽祢說：「我是全能的神。你當在我面前作完全人。」但除非祢以祢超越的能力幫助我們，否則靠著我們軟弱有罪的天性，我們如何能行得完全呢？

求祢使我們學會倚賴祢在基督裡面運行的大能所作的工作，就是這大能使祂從死人中復活，並使祂在天上坐在祢寶座右邊。

阿們。

〈啟示錄〉的作者約翰在見到異象時，同時聽到彷彿有一大群天使的聲音，又如眾水的聲音，如響徹宇宙的大雷轟鳴，這聲音宣告的乃是神的主權與全能：「哈利路亞！因為主——我們的神、全能者作王了。」（啟示錄 19:6）

神的至高主權與祂的全能必須相伴而行，一者不能脫離另一者獨立存在。神要掌權，就必須擁有能力；神要掌最高的權柄，就必須擁有一切的能力。這就是「全能」（Omnipotent）這個字的意義——擁有一切的能力。

Omnipotent 這個英文字來自拉丁文，意義等同於我們更熟知的 Almighty，後者源自央格魯—薩克遜語。後者在英語聖經中共出現了五十六次之多，而且僅用於神，而不用於任何人。唯有神是全能的。

神擁有的能力是其他受造物不能擁有的：祂擁有不可思議的豐富大能，是一種絕對的威能。我們經由神聖啟示認識了這種能力，然而，一旦認識這一點，我們便同時承認它是完全合乎理性的。既然神是無限而自存的，我們立刻就能明白，那麼神也必然是全能的；在全能的神面前，理性也要俯伏敬拜。

〈詩篇〉的作者說「能力都屬乎神」（詩篇 62:11），使徒保羅也宣稱自然界本身就顯明了神永恆的大能（羅馬書 1:20）。根據這樣的認識，我們自然就能推論到神的全能：神是有能力的。由於神也是無限的，凡祂所有的也均是無限的，所以，神有無限的能力，祂是全能的。我們可以進一步看出，神這位自存的創造主也是所有能力的來源，而由於源頭必然與出自於它的東西同等，這也再次告訴我們，神是全能的。

神將祂的能力授與祂的造物，但因為祂是自足的，祂並未讓渡出祂的完全，而能力是祂完全性中所包含的其中一項，祂也就不曾交出祂能力的一分一毫。祂賜與，但是並沒有讓渡屬於祂的東西。凡祂所有的仍然為祂所有，並將再歸於祂。我們的主，全能的神，祂必然維持祂自永遠以來的模樣，直到永永遠遠。

若以謙卑同理的眼光來閱讀聖經，我們就不可能沒發現聖經中的人與現代人的觀點之間，有著何等根本的差異。我們今天正因世俗化的心態而受苦。在聖經作者看見神的地方，我們看見的卻是自然律。他們的世界充滿人性，我們的世界卻是一片虛空。他們的世界生氣蓬勃，充滿個人色彩；我們的世界卻毫無人味，一片死寂。在他們的世界中，神掌權；在我們的世界中，自然律掌權。我們不斷失去神的同在。

在千萬人的心中，自然律取代了神，但自然律究竟是什麼？「律」（定律）有兩個意思：一個意思是指權威強加的外在規則，例如禁止搶劫和攻擊人的一般規條；另一個意思被用來指稱事物在宇宙中運行的一致方式，但這種用法是錯誤的。我們所見的自然，不過是神透過祂的創造指向祂的能力與智慧的現象而已，將它們稱為現象是恰當的，但它們不是定律。然而，我們卻將它們類比於人類社會中的律法，並稱之為定律。

科學觀察神的能力的運作方式，一旦發現哪裡有個規律的模式，就將它稱為「定律」。神在祂的創造活動中展現出的一致性，使得科學家能夠預測自然現象的進程。神在自然界行事的可靠性是一切科學真理的基礎。科學家的信心乃是以此為基礎，從這裡出發，如此才能繼續在諸如航海、化學、農業和醫學等領域取得各種偉大而實用的成就。

另一方面，宗教則是由自然界返回到神。它關注的不是神在創造過程中留下的足跡，而是走出這些路徑的那一位。宗教主要關心的是宇宙萬物的源頭，一切現象的主宰。對於這位神，哲學曾經給祂起了各種不同的名字，我所見過最驚人的一個名字是由德國神學家魯道夫・奧圖（Rudolf Otto）所起的：「那絕對、巨大、永不止息、積極活動的世界性緊迫力量。」21

當基督徒想起曾說過「我是」的那股「世界性緊迫力量」時，當他們想起他們之中最偉大的導師曾指導祂的門徒將祂當作一個人來稱呼，並說「你們禱告的時候，要說：『我們在天上的父，願人都尊祢的名為聖。』」（路加福音 11:2）時，內心會感到無比歡喜。聖經中各處的人物都在語言能夠容許的範圍內，以非常個人的方式與這位「巨大無比的絕對者」進行交流，而先知、聖者們則懷著令人感到深刻滿足與熱烈親密的敬虔之心與神同行。

全能並不是一切力量總和的統稱，而是一個有位格的神所具有的屬性，基督徒相信祂是我們的主耶穌基督的父，凡信靠祂者都得永生。敬拜神的人發現，這樣的認識成為他內在生命中一股奇妙力量的來源。他的信心會帶著他大步向上躍進，進入與神的交流之中，這位神能夠憑己意行一切的事，在祂沒有難成的事，因為祂擁有絕對的力量。

既然神能夠任意支配宇宙中的一切力量，全能的神無論做什麼事，都是一樣地容易。祂所有的行為都不費吹灰之力，祂不消耗精力，因此也不需要補充力量。祂的自足性讓祂不需要從祂自身以外尋求力量的更新。祂憑己意行一切事的力量，都在祂自身無限存有中那永不缺損的豐滿裡了。

長老教會牧師、宣道會創始人宣信（A. B. Simpson）步入中年時，陷入了健康的危機，在極度沮喪的心情下，他打算放棄他在教會中的服事，這時，他偶然聽見了一首簡單的黑人靈歌，是這樣唱的：

> 在耶穌沒有難成的事，
> 沒有人能像祂那樣工作。

這個訊息像箭一樣刺中了他的心，為他的肉體與靈魂帶來了信心、盼望與活力。他找了一個退休的地方，在單獨與神相處了一段時間之後，他完全痊癒並重新站了起來，懷著全然喜樂的心情繼續往前，他所創建的差會後來成為世界最大的海外宣教機

21 Rudolf Otto, *The Idea of the Holy*. Oxford University Press, New York, 1958. p. 24.

構之一。在這次與神相遇後，長達三十五年的時間，宣信一直都殷勤地服事基督。對於神無限能力的信心，給了他所需的力量，讓他能夠一路走下去。

†

全能者啊！我俯伏在塵埃中向祢敬拜；
基路伯也以雙翼掩面向祢屈膝；
我懷著平靜安穩的敬虔之心來愛慕祢；
全智的神，永在的好友。
祢為大地披上翡翠般的綠袍，
又以白雪做它的簾幕；
就連天上明亮的太陽，與柔和的月亮，
在祢面前也要俯伏敬拜。

——約翰．包靈爵士（Sir John Bowring）

第十三章

神的超越性

主啊，我們的主，天上地下沒有誰可以與祢相比。

偉大、尊貴與威嚴，全是祢的；

天上地下一切所有，全是祢的；

國度、權柄與榮耀，也全是祢的，直到永永遠遠！

神啊，祢遠超一切，為萬有之首。阿們。

當我們談到神的超越性時，意思當然是神遠遠超越祂所創造的宇宙，祂是如此崇高，這種高度是人的頭腦難以想像的。

然而，要正確地思考這件事，我們就必須謹記，「遠超一切」在這裡指的並不是與地球之間的物理距離，而是一種存在的特質。我們關心的不是空間中的位置，也不只是高度而已，我們關心的是生命。

神是靈，對祂而言，大小和距離都沒有任何意義。但是對我們來說，大小和距離很有用處，可用來類比與說明。因此，當神向我們這些理解能力有限的人說話時，祂總是不斷地使用大小和距離這樣的概念。

在〈以賽亞書〉中，神是這樣說的：「那至高至上，永遠長存，名為聖者的如此說。」（57:15）這句話用高度來形容，讓我們留下了鮮明的印象。那是因為人類居住於由物質、時間與空間構成的世界中，所以我們在思考時，往往是用形容物質的語言來思考。只有用物質事物來對應、比擬抽象概念時，我們才能夠掌握抽象的概念。人類的心智若想要掙脫世界語言的束縛，就必須學會聖靈教導我們的語言，並以神的高度翻譯出來。

靈賦予了物質意義，若是離開了靈，事物終會失去一切價值。舉例來說，一個參加觀光團的小孩走失了，迷失在山裡，觀光團所有成員的視角立刻就被這件事改變了。剛才他們還為大自然的壯麗雄偉嘖嘖稱奇，現在他們的心情卻因走失的孩子而憂慮無比。他們全隊人分散到山頭各處，焦急地呼喚著孩子的名字，極其迫切地搜尋每個孩子可能躲藏的隱密角落，希望發現她的蹤影。

是什麼帶來了這個突然的改變？那樹木覆蓋的山峰仍然高聳入雲，美得令人屏息，但現在沒有人注意到它了。人們的所有注意力全都集中在尋找那個捲髮小女孩的下落，她還不滿兩歲，體重十四公斤不到。儘管她是如此幼小，但是在她的父母和朋友們的眼中，卻比他們幾分鐘前仍在欣賞的那座巨大古老山峰珍貴許多。整個文明世界都會同意他們的這個判斷，因為小女孩會愛、會笑、會說話、會禱告，而那座山卻不能。這全都是那孩子的存在特質賦予了價值使然。

但我們千萬不可將神的存在與任何其他存在進行比較，就像剛才將山峰與孩子做了比較一樣。我們不可將神想像成不斷上升的存在秩序中最高的那一位——這秩序是從單細胞生物開始，上升到魚類，再一路到鳥類、動物、人類、天使、基路伯，最後到神。這樣想或許給了神卓越甚至是超群的地位，但卻是不夠的；我們必須承認神的超越性，而且承認神擁有完全意義上的超越性。

神永遠與眾不同，處於人所不能靠近的光中。祂遠在天使長之上，正如祂也遠在毛毛蟲之上，因為分隔天使長和毛毛蟲的那道鴻溝仍是有限的，但是神與天使長之間的鴻溝卻是無限的。儘管就受造之物的尺度而言，毛毛蟲與天使長之間有天地之別，但就它們同為受造之物來說，卻是一樣的。它們都屬於非神的範疇，它們與神之間的距離是無限的。

當人想要談論神的事時，人的內心始終存在著兩股相互衝突的傾向，令他或是沉默不語，或是不說不快。如同以撒．華滋所說：

汙穢的必死之人啊，
怎敢頌揚祢的榮耀與恩典？
我們遠遠俯伏在祢腳下，
只看見祢臉龐的投影。

但我們仍可安慰自己，因為我們知道，是神自己將尋求祂的願望安放在我們的心裡，也是祂讓我們得以在某程度上認識祂；我們更知道，哪怕我們只是盡綿薄之力去宣揚祂的名，都能討祂喜悅。

如果有某位守望者或聖者曾經在火湖旁渡過漫長的世紀，當他來到人間，聽見地上忙忙碌碌的各國各族人喋喋不休的談話內容，他會覺得多麼無意義啊。當他聽見每個禮拜教會講壇上那些平庸、陳腐、毫無益處的講道內容時，又會覺得多麼陌生、多麼空虛啊。如果這樣的一個人物要在地上開口說些什麼，他會不談到神嗎？當他以狂喜熱烈的心情來描述神時，他的聽眾又怎麼不會聽得心蕩神馳呢？而在聽過他的講述之後，我們又怎會想要去聽那些比神學更為不如的內容呢？從此以後，我們難道不會要求那些自以為能夠教導我們的人，要不就從神聖異象的高峰來講論神，要不就乾脆閉口不言嗎？

當〈詩篇〉的作者看見惡人作惡時，他的心告訴他惡人為什麼會這樣做。他這樣解釋：「惡人的眼中不怕神。」（詩篇 36:1）他的話向我們透露了犯罪的心理。當人不再畏懼神時，就會毫不猶豫地違反祂的律法。當人對神的畏懼消失時，對犯罪後果的恐懼就不再能阻止他犯罪了。

古時候，人們會說那些有信心的人是「敬畏神與神同行」和「存敬畏事奉耶和華」。無論他們與神之間的交流是如何親密、他們的禱詞是如何大膽，在他們信仰生活的根基裡有一個概念，那就是神是可畏的，也是可懼的。關於神的超越性這個觀念貫穿了整部聖經，並為聖經中聖徒們的性格賦予了色彩與腔調。這種對神的敬畏，超出了自然產生的對於危險的憂慮；它是種與理性無關的恐懼，那是個人在全能神面前所感受到的強烈不足感。

在聖經的時代，神無論在哪裡向人顯現，結果總是一樣的——一種排山倒海而來的懼怕與驚惶，一種因內心充滿罪疚所帶來的尖銳痛苦。當神說話時，亞伯拉罕俯伏在地聆聽。當摩西看見神在燃燒的荊棘中顯現時，出於恐懼，他遮住了自己的臉，不敢看神。當以賽亞在異象中看見神時，他從內心深處發出了叫喊：「禍哉！」並承認道：「我是嘴唇不潔的人，又住在嘴唇不潔的民中。」（以賽亞書 6:5）

但以理與神相遇的那一幕，或許是所有這類事件中最驚人、也最奇妙的。這位先知舉目觀看，見有一人「身體如水蒼玉，面貌如閃電，眼目如火把，手和腳如光明的銅，說話的聲音如大眾的聲音」（但以理書 10:6）。他後來寫道：「這異象惟有我——但以理一人看見，同著我的人沒有看見，他們卻大大戰兢，逃跑隱藏，只剩下我一人。我見了這大異象便渾身無力，面貌失色，毫無力氣。我卻聽見祂說話的聲音，一聽見就面伏在地沉睡了。」（但以理書 10:7）

這些經驗顯明，當人在異象中看見神的超越性時，人和神之間的一切爭論就立刻結束了。人與神爭戰的心立時就止息了，他會像被擊倒在地的掃羅（沙烏耳）一樣，謙卑地問：「主啊，我當做什麼？」（使徒行傳 22:10）

相反地，現代基督徒的心裡充滿了自信，他們在許多宗教聚會中展現出輕浮的態度以及對於神的位格表現出的不敬，在在令人感到震驚，這都是他們內心全然盲目的證明。許多人稱自己為基督徒，經常將神掛在嘴邊，有時也向祂禱告，但是他們很顯然並不認識祂是誰。「敬畏耶和華就是生命的泉源。」（箴言 14:27）然而，今天卻很難在基督徒當中找到這種具有醫治能力的敬畏之心了。

詩人歌德（Goethe）有一次與友人艾克曼（Eckermann）談天時，將話題轉到宗教思想上，並談到了人如何濫用神的名。他說：「人們對待這位不可理解的至高存有、超越我們思維能力所及的神，竟像是和自己同等的人一樣。否則他們就不會說『主我們的神、親愛的神、善良的神』了。這種表達方式對他們而言，尤其是對那些把這些話天天掛在嘴邊的神職人員而言，已經成了空洞、無意義的詞語，不帶有任何想法。要是他們真認識到神的偉大，他們必會瞠目結舌，出於敬畏之心而不願直呼祂的名。」[22]

萬有的主啊，祢高居於寶座之上，
日與星辰散發祢榮耀的光輝；
祢是宇宙的中心與靈魂；
卻來就近每一顆愛祢的心！
天上地下生命之主啊，

22 Johann Peter Eckermann, *Conversations with Eckermann*. M. Walter Dunn, Washington and London, 1901. p. 45.

祢的光就是真理，
祢的溫暖是愛，
在祢永遠燃燒的寶座前，
我們不求自己能有一絲的光彩。

——奧立佛．溫鐸．霍姆斯（Oliver Wendell Holmes）

第十四章

神的無所不在

我們的父，我們知道祢與我們同在，但我們的知識不過是真理的輪廓與影兒，沒有使我們享受到真理應該帶來的屬靈滿足與內在甘甜。這對我們是極大的損失，也是我們內心軟弱的原因。

求祢幫助我們立刻改正生命裡的缺失，好使我們能夠體驗到「在祢面前有滿足的喜樂」這話的真實意義。阿們。

英文的「無所不在」（Omnipresence）這個字，其中「Present」是「在這裡」、「靠近」和「緊鄰」的意思，而字首「Omni」則加上了「普遍」的意思。因此，神的無所不在，意思是神在每個地方都是在場的，祂靠近一切事物，緊鄰每一個人。

在聖經教導我們的真理中，很少有其他的真理像「神無所不在」這個教義一樣，被陳述得如此清楚。支持這個真理的那些段落是如此平鋪直敘，以至於想要誤解它們都不容易。這些經文告訴我們，在祂所創造的宇宙中，神是近的，無論是天上、地下，抑或是陰間，人都不能躲避祂的面。

這些經文也教導人們，神是又近又遠的，人的行動、生活與存有都在於祂。我們也同樣肯定，聖經中各處的經文都讓我們認定神是無所不在的，因為除非如此，否則無法解釋聖經所教導的有關神的其他事實。

舉例來說，聖經教導我們神是無限的。這意味著祂的存在沒有限制，因此祂的同在也不受限制；祂是無所不在的。在神的無限性中，神環繞並包含著祂所創造出來的有限宇宙。在祂之外再也沒有別處可以存在。神是我們所生存的環境，正如滄海之於遊魚，空氣之於飛鳥。法國神學家希底貝赫（Hildebert of Lavardin）曾經寫到：

神在萬有之上；在萬有之下；在外有之外；
在萬有之內，但不被拘禁；
在萬有之外，卻不受排除；
在萬有之上，但不是被高舉；
在萬有之下，卻不是受壓抑；
完全超越，君臨萬有；
完全在下，托住萬有；
全然在內，充滿萬有。[23]

對於「神在祂的宇宙中」這個信念，我們不能把它單獨抽出來看，因為這涉及到其他領域。這個信念對許多神學思想領域都具有實際意義，對某些宗教問題（例如有關世界本質的問題）也會產生直接影響。幾乎每個時代和文化中，都有思想家特別關注一個問題：這個世界到底是個什麼樣的世界？它是個自我運轉的物質世界，還是由看不見的力量在運作著的屬靈世界？這個環環相扣的系統可以解釋其自身嗎？還是它仍存在著不解之謎？這樣的存在始於自己也將歸回自己嗎？抑或是在更高更遠的群山中，存在著它的源頭？

基督宗教神學宣稱能夠回答所有這樣的問題。它不是通過推論或是提供一些意見，而是以「耶和華如此說」的方式作為它提供答案的權威性來源。它肯定地宣告，世界是屬靈的：它源自於靈，從靈流出，本質是靈；若是離開了棲居於此的靈，世界就毫無意義。

神無所不在的教義，使得人與人所寄居的這個宇宙之間的關係變得具有個人色彩。這個偉大的核心真理為所有其他真理賦予意義，並為人類渺小的生命注入無上的價值：神在這裡，神就在他的近處，就在他的身旁，而且這位神看見他，澈澈底底地認識他。

這就是信心的起點。從這裡發展下去，還可以納入千萬個其他的奇妙真理，但這些真理全都會回過頭來指向這個真理，那就是**神存在**，**並且神在這裡**。聖經〈希伯來

23 *A New Dictionary of Quotations*, Selected and Edited by H. L. Mencken. Alfred A. Knopf, New York, 1942. pp. 462–463.

書〉說：「到神面前來的人，必須信有神。」（11:6）而基督自己曾說：「你們信神，也當信……」無論「也當信」的後面添加了什麼，在對神的這個基本信念上，它都是上層建築，不管它蓋得多麼高聳，都是穩固地建築在這個原始基礎上的。

新約聖經教導我們，神用「道」（也就是「聖言」）創造了這個世界，而「道」就是神的第二個位格，甚至在祂降世為人之前就已經與這世界同在了。「道」創造萬有，又留在祂所創造的宇宙中，托住並維持著它；同時祂作為道德之光，又使得每一個人都能分辨善惡。宇宙是個運作井然有序的系統，但維持它的並不是非屬靈的自然定律，而是普遍於內在與外在、充滿創造力的「道」。

印度教士何姆斯（Canon W. G. Holmes）說，他曾看過一些印度神祇的崇拜者輕敲樹木和石頭，並向他們盼望會住在裡面的神靈低聲問道：「祢在那裡嗎？祢在那裡嗎？」

在全然的謙卑中，這位受過神教導的基督徒給出了這個問題的答案：神確實在那裡。祂在那裡，正如祂也在這裡，正如祂也在每一個地方；祂不受樹木或石頭的拘束，而是自由地充滿了整個宇宙，祂靠近萬物，緊鄰著每一個人，任何一個有愛心的人都能透過耶穌基督來立刻接觸祂。神無所不在的教義已經永遠確定了這事。

確信這一點的基督徒在感到悲傷時，這個真理能帶給他們極深的安慰，那也是他們在經歷人生無常時的堅定保證。對基督徒而言，「操練與神同在」並不是將自己腦海中想像出來的一個東西投射出去，然後設法將它變成真實在場的東西；而是認識到那位所有堅實的神學都宣稱已經在那裡的神，祂的真實同在，祂是客觀的真實存在，祂所造的人對祂的任何理解都不會影響到祂的存在。這種認識所導致的經驗並不是幻覺，而是真真實實的經歷。

當人確信神始終在我們身邊，存在於祂的世界的每個角落，比我們的思想更接近我們時，這個信念能夠使我們在大部分時間中都維持在高度的道德喜樂狀態。

但並不是所有時間都如此。承諾每個信徒都能持續處在喜樂歡騰中是不誠實的，這樣的期望也不切實際。正如孩子疼痛時會哭，即使他是待在母親臂彎的呵護之中也一樣。有時，基督徒在清楚意識到神的同在時，仍會感到痛苦。保羅雖是「常常快樂的」（哥林多後書 6:10），卻也得承認他有時也會感到憂愁。為我們的緣故，基督也經歷了哀聲痛哭與流淚，即使祂從來沒有離開過父的懷中（約翰福音 1:18）。

但是一切都會好起來的。在我們這樣的世界裡，眼淚也有治療的效果。從神環繞我們的同在中所提煉出的醫治膏油，使我們的傷口得到即時的醫治，不至於致命。明白我們永遠不會孤單，可以平靜我們生命的波濤，讓我們的靈魂得享平安。

聖經與我們的理性都做出同樣的宣告：**神在這裡**。我們需要做的只是學習讓這個真理在意識經驗中成為實際。艾倫．弗里斯博士（Dr. Allen Fleece）在他所寫的一封信中，用一句話總結了許多人的見證：「知道神的同在是有福的，而感覺到祂的同在則是無上的幸福。」

神啟示了祂的同在：
我們現在當敬拜祂，
帶著敬畏到祂的面前來。
惟有祂，是我們的神；

也是我們的主與救主，
我們稱頌祂的名，直到永永遠遠。
神今親自與我們同在：
祂是天上萬千天使敬畏服事的那一位。

——格哈德·特爾斯特根

第十五章

神的信實

至高無上的神啊，我們來感謝祢，歌頌讚美祢的名，每個早晨傳揚祢的慈愛，每個夜晚述說祢的信實，這是何等美好的事。

祢的愛子在地上時如何忠誠於祢——祂在天上的父親，如今在天國，祂也照樣對我們——祂在地上的弟兄——忠信；帶著這樣的認識，我們滿懷確信的盼望，迎向未來的漫長年歲。阿們。

正如我們早先強調過的，神的屬性並不是一些孤立存在的特質，而是祂統一存在的不同方面。它們也不是屬性自身所內含的東西，而是我們藉以思考神的想法，是一個完美整體的不同方面，是我們對於我們所知的真實神性所賦予的名稱。

要正確理解神的屬性，就必須將它們當作一個整體來看待。雖然我們可以分別地思考它們，但它們是不可分的。尼古拉．庫薩說：

> 雖然我們用不同的方式、以不同的話語來談到神，但是所有我們歸給神的屬性，在現實上都是不可分的，因為神是完美單一的整體。
>
> 儘管我們把視覺、聽覺、味覺、嗅覺、觸覺、感覺、理性和智力等，根據每個詞語的不同意義都歸給神，然而在神裡面，看見與聽見、品嘗、嗅聞、觸摸、感覺、理解都是同一回事。所以一切的神學可說是建立在一個循環之中，因為祂的任何一個屬性都是對另一屬性的肯定。[24]

---

24 Nicholas of Cusa, *op. cit.* p. 12.

當我們研究神的任何屬性時，很快就會看出所有屬性本質上是一體的。例如，我們會看見，如果神是自存的，祂必然也是自足的；如果祂有能力，那麼因為祂是無限的，祂就必然擁有一切的能力。如果祂有知識，祂的無限性就會向我們保證祂擁有一切的知識。

同樣地，祂的不變性也就預設了祂的信實。如果祂是不變的，祂就必然不能不信實，因為不信實會要求祂做出改變。神的品格中若是出現了一點問題，就等於是在說神是不完美的，但因為神是完美的，這樣的問題就不可能發生。因此，神所有的屬性都說明了彼此，並向人證明，這些屬性不過是人類心靈在享受神性的絕對完滿時，驚鴻的一瞥而已。

神一切的作為都符合祂的所有屬性。沒有一種屬性會與任何一個其他屬性相衝突，乃是全然和諧，水乳交融地存在於神性的無盡深淵中。神的所為與祂的所是全然一致，祂的存在與祂的作為在祂裡面是一。

我們所熟悉的神的形象，經常將祂撕裂成兩半，一邊是祂的公義，一邊是祂的憐憫。但是，將神想成一下子傾向某一種屬性，一下子又傾向另一種屬性，那就是將神想成一位拿不定主意，容易灰心挫敗、情緒不穩的神。這當然就是說，我們所想的那一位根本就不是真正的神，只是反映了我們糊裡糊塗的內心的虛弱形象而已。

神是祂自己，一刻都不能停止成為祂自己；神就是祂自己，祂的所為也不可能違背祂的品格。祂同時是信實的，也是不可改變的，因此，所有祂的話語與作為都必須是信實的，也必然會保持信實。人會變得不信實，是出於他的欲望、恐懼、軟弱、興趣改變，或是因為某些來自外在的強力因素。但顯然這些力量沒有一個能夠以任何方式影響神。外在的力量無法強迫祂，祂的所言和所行永遠都出於祂的內裡，聽憑祂自身至高意志的主宰。

我認為我們可以證明，歷代以來危害教會的幾乎每一種異端，都開始於誤信了有關神的虛假事實，或是因為過分強調某些有關神的真實事實，以至於掩蓋了其他同樣真實的事實。放大某種屬性，從而排除了另一種屬性，就是直闖入神學的爛泥沼；然而我們一直不由自主地就是要這樣做。

例如，聖經教導我們神就是愛；但有些人對於神的愛的詮釋幾乎等於否定了神的公義，而聖經也教導神是公義的。其他人則過分強調聖經中神是良善的教義，以至於和神的聖潔彼此矛盾。或者他們會讓祂的慈心取消了祂的真理。還有些人對於神至高主權的理解方式破壞了神的良善與慈愛，或者至少是大幅削弱了它們。

只有大膽相信神所說關於自己的一切時，我們才能對真理有正確的看法。當一個人想要按照自己無知的看法，刪除神對自己的啟示中他所不喜歡的那些特質時，他就得負上相當沉重的責任。我們之中若有人竟放肆到要做這樣的事情，那必定是因為他的心眼受到了某種程度的蒙蔽。

這完全不是神要我們做的事。我們不需要害怕讓真理保留它當初被書寫出來的原貌。神的屬性之間絕不會彼此衝突。神的存在是一個整體。祂無法分割自己，在某時候憑其中一種屬性行事，而讓其他屬性無所作為。神的一切所是與所為必定是一致的。在祂所施的憐憫中必有公義存在其中，在祂的審判中必有愛。神一切的屬性也是同樣的道理。

神的信實是健全神學的基準點，但是對相信祂的人而言，它的重要性遠不止於此：它會通過理解的過程，繼續成為滋養靈魂的食糧。因為聖經不只是教導真理，也展示了真理對人的用處。得到神啟示的作者們與我們有著相同的激情，也在人群中生活。他們所學到的有關神的真理，變成了他們的寶劍、盾牌、鐵鎚；真理成為他們生命的動力、他們的美好盼望，以及他們確信的期盼。

從神學的客觀事實出發，他們在心中愉快地進行了無數次推論，並將結論應用於個人生活中。〈詩篇〉通篇喜樂地述說對於神之信實的感恩。新約聖經繼續了這個主題，頌揚父神，也頌揚神子耶穌基督的忠誠，基督曾在本丟·彼拉多面前做了美好的見證；而在〈啟示錄〉中，約翰看見基督騎著白馬奔向祂的勝利，祂被稱為「誠信真實」（19:11）。

基督宗教聖詩也頌揚神的屬性，而神的信實自然也在其中。在我們最好的讚美詩中，神的屬性成為了泉源，湧流歡樂旋律。在一些古老的聖詩集中，可以找到一些連名字都沒有的讚美詩；在這些讚美詩的上面會有一行斜體字說明它的主題，那些主題讓懷著敬拜之心的人看了不禁喜樂歡騰：「稱讚神那榮耀的完美」、「智慧、尊貴與良善」、「神的全知」、「神的無所不能與永遠不變」、「榮耀、憐憫與恩典」。

以上這些是我從一本一八四九年出版的聖詩集中選取出來的幾個主題，但每個熟悉讚美詩歌的人都知道，從教會存在初期就已經興起了聖歌的讚美之河。對神的完美性的最初信念，為信祂的人帶來了甜美的確信，並教導歷世歷代唱詩頌讚祂。

我們對於有福未來的整個盼望。乃是建立在神的信實上。因為惟有神是信實的，祂的約才會屹立不搖，祂的許諾才會得到信守。只有當我們完全確信祂是信實的，才能生活在平安之中，並對來生有確信的期盼。

每顆心都能自行運用這個真理，並從它得出自己的結論，這些結論是真理所暗示的，也是心的需求所聚焦得出的結論。受到試探的人、焦慮的人、恐懼的人、灰心喪志的人，都可以因為認識到我們在天上的父是信實的，而重新得到希望與撫慰。處於重壓之下的永約之子可以確信，祂永遠不會從人們身上撤回祂的慈愛，祂的信實也絕不落空。

✝

人若將盼望寄託於以色列的神，便是有福的；
祂創造了天、地、海，和其中的萬物；
祂的真理永遠堅立；

祂拯救受壓迫者，
養活貧窮的人，
祂的應許絕不落空。

——以撒・華滋

第十六章

神的良善

主啊，

求祢照著祢喜樂的美意善待我們。

不要按我們應得的，

而是照著與祢的所是相稱的慈愛來待我們。

好使我們無論在今生或來世，都無所懼怕。阿們。

「良善」一詞對許多人有著許多意義，所以我們要展開對神的良善的簡短研究前，必須先對它下個定義。我們會用許多的同義詞，從不同的路徑出發來說明這個定義，最後回歸到神的身上。

基督宗教神學說神是良善的，這跟說祂是公義的或聖潔的並不是同一回事。神的聖潔從天上被高聲宣揚，當神在地上向人顯現時，也得到聖徒與聖人的迴響。但我們現在要討論的並不是神的聖潔，而是神的良善，那就有很大的不同了。

神的良善是一種屬性，使祂能夠向人展現出仁慈、親切、善心，以及滿滿的善意。祂有慈悲的心腸，富於同情，祂對一切道德生命都展現出敞開、坦誠及友好的不變態度。出於天性使然，神樂於賜福予人，並因為祂子民的喜樂而滿有聖潔的喜樂。

聖經的每一頁都直接或間接地告訴我們神是良善的，我們必須接受它是信仰的一部分，如神的寶座般堅不可摧。一切有關神的健全觀念都以神的良善為基石，它也是維持道德理智所不可或缺的。允許神可以不是良善的，就是否認了所有思想的正確性，最終也會否定一切的道德判斷。倘若神不是良善的，那麼仁慈與殘忍也就沒有分別了，天堂可以是地獄，地獄也可以是天堂。

神的良善是祂每天賜福予我們的動力。神創造了我們，因為祂的心是良善的，祂贖回我們也是為了同樣的理由。生活於距今六百多年前的女聖徒朱利安就清楚地明白，神所有的祝福都是基於祂的良善。她寫了一本文藻優美且筆觸敏銳的經典，書名是《神愛的啟示》（*Revelations of Divine Love*），這本書的第六章開頭這樣寫道：

> 這些文字，是為了使我們的靈魂學著智慧地堅信神的良善。

接著她就列出了一些神為我們做的奇妙大工，在每一項的後方她都加上一句「因為祂的良善」。她明白，所有的宗教活動以及一切的蒙恩之道，無論其本身是如何地正確和有用，若是我們不了解神一切的作為乃是本於祂自發的、我們所不配得的良善，就算不得什麼。

作為神的一個屬性，神的良善乃是因祂自己而起，是無限、完美、永恆的。因為神是不變的，所以祂慈愛的程度也永不改變。祂過去不曾比現在多些仁慈，未來也不會少些仁慈。祂從不偏待任何人，祂叫日頭照歹人，也照好人；降雨給義人，也給不義的人。祂的良善完全出自祂自己；接受祂良善的人不過是承受恩惠而已，不是因為他們有什麼功勞，他們也無須回報。

理性會同意這點，有自知之明的道德智慧也會趕忙承認，即便是人最純誠美好的行為，也實在沒有什麼功勞可言。神的良善始終是我們盼望的根基。儘管人的悔改是必須的，但人的悔改本身並不是什麼可誇的功勞，只是接受神的赦罪恩典的條件而已，這恩典是神因良善而賜給他的。

禱告本身也不是一種功勞；禱告不能叫神非聽不可，也不能叫祂虧欠誰。神聽禱告只因為神是良善的，除此之外並無任何其他理由。信仰也不是什麼功勞；信仰只是對神的良善的信心而已，缺乏信仰絲毫不會影響神聖潔的性情。

要是我們都能相信，我們乃是棲居於一個充滿善意的天空下，天上的神雖大有尊貴權能，卻殷切地想要與我們為友，整個人類的前景都可能會因此改變。

但是罪已使我們變得膽怯、過於關注自我，這是罪的本性。多年來對神的反叛已使恐懼在我們的心裡滋長，不是一朝一夕就能克服。就如同被俘虜的叛徒，怎會甘心樂意來到他長期以來一直想要推翻卻不能如願的王面前呢？但若他真心悔改，單單信靠他恩主的慈愛，他就能夠來到神的面前，神也不再追究他的過去。艾克哈特大師（Meister Eckhart）勸勉我們要謹記，就算我們的罪有全人類的罪加起來那樣多，只要我們轉向神，神就不會追究我們所犯的罪，祂仍會對我們有同樣的信心，彷彿我們從未犯過罪一樣。

如果有人過去犯過罪，現在卻真誠地想要與神和好，他可能會小心翼翼地問：「如果我到神面前，祂會怎麼待我呢？祂的性情如何？祂是怎樣的一位神呢？」

答案是，他會發現神就和耶穌一模一樣。耶穌說：「人看見了我，就是看見了父。」（約翰福音 14:9）基督在世上與人同行，就是為了向人顯明神是怎樣的神，並要讓人類這個對神懷有錯誤觀念的族類認識神的真實本性。這不過是祂在地上居住在肉身裡時所做的事情之一，但是祂卻做得完美無缺。

從祂身上，我們得以知道神是如何待人的。那些假冒為善、毫無真誠的人會認為神冷漠而難以靠近，正如他們一度也這樣看待過耶穌；但是真心悔改的人會發現神是大有憐憫的；為罪自責的人會發現神是寬宏大量又滿有恩慈的。對恐懼的人，祂是友好的；對靈裡貧窮的人，祂是寬恕的；對無知者，祂有顆體貼的心；對軟弱者，祂溫柔；對陌生人，祂殷勤周到。

我們的態度可以決定神要如何接納我們。雖然神的仁慈是無限湧流的友好之泉，但神不會將祂的注意力強加在我們身上。如果我們想要像那個浪子一樣得到歡迎接待，就要像浪子回頭一樣來到神的面前；如果我們這樣做了，即使法利賽人和死守律法的人在門外發怒，但是在門裡面，會有歡迎的宴席等著我們。當天父再次將祂的子女接納到祂的懷抱中時，我們會在音樂中翩翩起舞。

神的偉大激起了我們心中對祂的敬畏，但是祂的良善卻叫我們不要害怕。要敬畏，但不要恐懼——這就是信心的弔詭之處。

✝

神啊，我的盼望，我在天上的居所，
我在地上一切的福樂，
求祢應予我無理的請求，
向我顯出祢的良善；

向我顯出祢榮美的面容，
永恆之日的光輝。

求祢使我的信心之眼，
得見祢恩慈的良善；
祢的良善是我珍賞的美景：
喔，但願我得見祢的笑顏；
藉著我魂，祢的性情得以傳揚，
顯明祢愛，祢榮耀的聖名。

——查爾斯·衛斯理

第十七章
神的公義

喔，父啊，我們因祢的公義而愛祢。我們知道祢的判斷是全然真實又公義的。你的公義托住了宇宙的秩序，保證每一個信靠祢的人平安。我們能活著乃是因著祢是公義，且又滿有憐憫的那一位。

聖哉！聖哉！聖哉！主全能的神，祢一切的作為，無不公義、無不聖潔。阿們。

在神所啟示的聖經中，「公義」（Justice）與「義」（Righteousness）兩者間幾乎沒有什麼分別。它們在原文裡本來是同一個字，但是在英語版聖經中卻被譯作了「公義」或「義」，差一點讓人以為譯者只是隨興決定的。

舊約聖經以清楚充分的語言表達了神的公義，並且文辭優美，就是放在人類文學之林中也毫不遜色。當神宣告將毀滅所多瑪時，亞伯拉罕為城裡的義人向神代求，在這個人類危急存亡的關頭，他提醒神，祂必須按照自己的本性行事：「將義人與惡人同殺，將義人與惡人一樣看待，這斷不是祢所行的！審判全地的主豈不行公義嗎？」（創世記 18:25）

〈詩篇〉作者與以色列先知認為，神乃是高高在上的全能統治者，憑著「公平」（equity）掌權。「密雲和幽暗在祂的周圍，公義與公平是祂寶座的根基。」（詩篇 97:2）他們預言，當眾人長久等候的彌賽亞（默西亞，救世主之意）來的時候，祂要以公義審判萬民，為貧窮的人申冤。

那些有著溫柔慈心的聖潔之人，他們因世上統治者的不公不義而感到義憤，他們向神禱告：「耶和華啊，祢是申冤的神。申冤的神啊，求祢發出光來！審判世界的主啊，求祢挺身而立，使驕傲人受應得的報應！耶和華啊，惡人誇勝要到幾時呢？要到幾時呢？」（詩篇 94:1-3）我們不應將這個禱告理解為為個人申冤的請求，而是人們渴望看見道德上的公平在人類社會得到伸張。

對比於神的公義，像大衛（達味）和但以理（達尼爾）這樣的人也認知到自己的不義，因自己的罪而感到痛苦難當，這樣的態度使他們的禱告更有能力與功效，「主啊，祢是公義的，我們是臉上蒙羞的。」（但以理書 9:7）

當神長久未執行的審判終於降臨人間時，約翰看見得勝的聖徒都站在摻雜火焰的玻璃海上，手中抱著神的豎琴，口裡唱著摩西和羔羊的歌，他們歌唱的主題就是神的公義：「主神，全能者啊，祢的作為大哉，奇哉！萬世之王啊，祢的道途義哉，誠哉！主啊，誰敢不敬畏祢，不將榮耀歸於祢的名呢？因為獨有祢是聖的。萬民都要來在祢面前敬拜，因祢公義的作為已經顯出來了。」（啟示錄 15:3-4）

公義體現了道德上公平的觀念，不公平則剛好與它相反；它是缺少公平，也就是在人的思想和行為中缺少了平等。審判就是將公平運用在道德情境中，根據被審判的人在內心和行為上是否秉持公平，而做出有利或是不利的判決。

有時人們會說：「公義會要神做這件事。」這句話指的是我們知道神必會採取某個作為。但是這樣的想法和說法都是錯誤的，因為它預設了在神之外還存在著某種公義的原則，這原則會迫使神按照某種方式行事。這種原則當然是不存在的。倘若有的話，那麼這個原則就高於神了，因為只有更高的力量才能強迫他者服從。

真相是，這樣的原則並不存在，也不可能有任何外在於神本性的事物能夠指使神，哪怕是一絲一毫。神一切的原因都源自於祂那非受造的存在。從亙古以來不曾有任何東西進入到神的存在中，也不曾有任何東西從中被挪去，或是被改變。

當情況涉及神的時候，「公義」是我們用來說明神之所是的一個字，此外別無他意；當神秉持公正行事時，祂並不是為了服從某個獨立的標準而這麼做，神只是在某個既定情境中按自己的本性行事而已。正如金本身是一個元素，它既不改變也不妥協，無論在哪裡，金就是金。同樣的道理，神就是神，是永遠的神、獨一的神，也是完全的神，神絕不會是神以外的東西。

宇宙中的一切事物，其符合神本性的部分就被稱為善，不符合神本性的部分便被稱為惡。神就是祂自身道德公平性的自存原則，當祂懲罰惡人或獎賞義人時，祂只是照著祂自己的本性而行而已，並不受任何不是神的事物所左右。

這種說法，看起來似乎摧毀了罪人歸回神而得以稱義的希望，但那只是表面上看起來是這樣而已。同時身為基督徒哲學家、聖徒、坎特伯里大主教的安瑟姆，試圖尋找一個方法，來解決公義與神的憐憫之間的明顯矛盾。他問神：「如果祢是全然公義，並且至高至正的，祢如何能饒恕惡人？」[25] 接著，他注視神並等候祂的回答，因為他知道答案就在於神的本性為何。

安瑟姆的發現可以這樣表示出來：神的存在是一個整體，不是由共同和諧運作的許多部分所組成，神是單一的整體。在祂的公義之中，沒有任何事物會阻止祂施行憐憫。想到神的時候，我們有時會想像祂是法庭上的一位仁慈法官，受到法律的約束，不得不流著眼淚、帶著歉意宣判一個人的死刑——但這樣的想法完全配不上真正的神。神永遠不會自相矛盾。沒有一個神的屬性會和另一個屬性彼此衝突。

神的憐恤源自於祂的良善，而沒有公義的良善就不是良善了。神饒恕我們，因為祂是良善的，但祂若不公正，祂就不可能是良善的了。安瑟姆的結論是，當神懲罰惡人時，祂是公正的，因為祂的懲罰是他們所應得的；當神饒恕惡人時，祂也是公正的，因為祂的饒恕符合祂良善的本性；所以神的作為乃是按著祂的本性，祂是至高良善的神。這樣的理解，是出於理性的追求；這種追求不是因為也許可以相信神，而是因為已經信了。

對於「神如何既是公義的，又同時讓罪人稱義」的問題，可以在基督宗教的救贖教義中找到更簡單也更熟悉的解決辦法。也就是說，藉著基督贖罪的工作，當神饒恕罪人時，祂不但沒有違背公義，反而是滿足了公義的要求。救贖神學教導，只有當公義完成它的工作時，神對人的憐憫才是有功效的。當基督代替我們死在十字架上時，就已經執行了對罪的公正刑罰。

這些話，在不信神的人耳裡聽來或許很刺耳，但是在信靠神的人耳裡聽起來，卻是甜美無比。千千萬萬人都因為聽了這個信息而得到道德與靈性的改變——他們活著的時候，生命充滿強大的道德力量；當他們終有一天面對死亡時，能因信靠這信息而安然離世。

25 St. Anselm, *op. cit.* p. 14.

這個公義得伸張、憐憫得施行的信息，不僅是個令人愉悅的神學理論，還宣告了一個事實，一個在滿足我們深層需求時所必須有的事實：

因為我們的罪，我們全都被宣判了死的刑罰，當公義以我們的道德情況來審判時，就會導致這樣的判決。當「無限公正」和我們經年累月任意妄為的「不公正」相遇時，兩者之間必然會有一番猛烈的爭戰，這是一場神已經打贏的戰爭，並且神每每必定得勝。

但是，當一個罪人真心悔改、投靠基督並尋求祂的拯救時，這個人的道德情境就完全逆轉了。神的公義要審判時，是面對他已經澈底轉變的道德情況，因此祂宣佈這個人為「義人」，這樣一來，公義就站到了信靠神的那一方。這就是使徒保羅所做的大膽宣告的意思：「我們若認自己的罪，神是信實的，是公義的，必要赦免我們的罪，洗淨我們的一切的不義。」（約翰／若望一書 1:9）

神的公義極端嚴厲，永遠站在與罪人相對的立場。所謂「神太仁慈，捨不得懲罰那些不敬畏神的人」這種含糊微弱的希望，已經成了千萬人良知的致命麻醉劑。這個麻醉劑平息他們的恐懼，允許他們盡情地做出一切不義之舉，無視死亡的腳步一天比一天逼近，不理會神要人悔改的命令。身為負責任的道德存在，我們絕不敢這樣輕看我們永世的命運。

耶穌，祢的寶血與公義
是我美麗、榮耀的衣裳；
在燃燒的罪惡塵世中，我穿戴這無瑕美衣，
滿懷喜樂地向祢仰臉。

當祢再來那日，我將勇敢無懼站立；
因為誰能控告我呢？
我已完全得到赦免，
永遠脫離罪惡與懼怕、罪咎與羞恥。

——新生鐸夫伯爵（Count N. L. von Zinzendorf）

第十八章
神的憐憫

聖潔的父啊，祢的智慧激起我們對祢的欽慕，祢的能力叫我們畏懼，祢的無所不在讓地上每一寸土地都成為聖地。

但我們該如何感謝祢才抵得過祢的憐憫？祢的憐憫滿足了我們最卑微的需求，賜我們華冠代替灰塵、喜樂油代替悲哀、讚美衣代替憂傷的靈。

藉著耶穌基督我們的主，我們祝福並稱頌祢的憐憫。阿們。

透過永恆之約的寶血，我們這些幽暗之子終於回到在光明國度的天家，當這一刻到來，我們當奏起千弦的豎琴來歌頌讚美，而奏出最動聽音樂的，正是那根為了完美歌頌神的憐憫而調過音的琴弦。

因為我們有什麼權力能夠在這裡呢？我們豈不曾因為罪參與了那場邪惡叛亂，而那場魯莽叛亂的最終目的正是要將創造萬有的榮耀君王從寶座上拉下嗎？我們豈不曾隨從今世的風俗行事為人，順服空中掌權者的首領，就是那現今在悖逆之子心中運行的邪靈嗎？我們豈不曾活在肉體的情慾之中嗎？我們的本性豈不都是可怒之子，和別人沒有什麼不同嗎？

然而，當時候到來，我們這些一度與神為敵，又曾因惡行而心中遠離神的人，卻能與神面對面相會，祂的名字也要寫在我們的額頭上。我們這些理當被放逐的人，卻能享受與神交流的美好；我們這些只配在陰間受苦的人，卻能認識天上的至福。這一切全是因為神的憐憫，那來自天上的甘泉才能降臨在我們身上。

我的神哪，當我靈魂甦醒並查看

祢所施的一切憐憫，
我便因所見而失去自己，
全人沉醉於驚奇、愛與讚美之中。

——約瑟夫・愛迪生（Joseph Addison）

憐憫是神的一個屬性，在神的本性中存在著一種無窮無盡的能力，使神能夠主動地向人展現出同情憐憫。舊約和新約都宣告了神的憐憫，但舊約提到它的次數比新約多了四倍。

我們應該永遠驅逐一個常見的錯誤觀念，那就是公義與審判是以色列的神的特徵，憐憫和恩典才屬於教會的主。事實上，新舊約在原則上並沒有區別。只是在新約中，救贖的真理得到了更充分的發展。在新舊約中說話的是同一位神，而祂的所說與祂的所是乃是一致的。

無論何時何地，當神向人顯現時，祂總是按照祂的本性行事。無論是在伊甸園或是客西馬尼園（革責瑪尼園），神都既是憐憫的，同時又是公正的。祂始終以憐憫待人，即使祂的憐憫受到蔑視，祂也始終以公正相待。祂在大洪水之前是這樣做；當基督在人間行走時，祂也是如此；祂今天仍是這樣做，並且也將永遠如此，不為別的原因，只因為祂是神。

如果我們還記得神的憐憫並不是神一時興起，而是祂永遠存有的一個屬性，我們就不再擔憂有一天這份憐憫會終止。憐憫從來沒有開始，憐憫從永遠之前就有了；憐憫絕不會增加，因為它自身已是無限；憐憫也絕不會稍減，因為無限者是不能縮減的。天上、地上或陰間，過去或將來發生的一切，都不會改變神的溫柔憐憫。祂的憐憫永遠堅立，永無止境，神的悲憫與同情極其廣大無邊。

正如審判是神的公義對道德不公正的反應，憐憫亦是神的良善對人類苦難及罪咎所作出的反應。若世上沒有罪咎，也沒有痛苦與眼淚，神仍會是無限憐憫的神，但祂的憐憫只會深藏祂的心裡，這受造的宇宙也沒有機會認識祂的憐憫。不會有人高聲頌揚這憐憫，因為沒有人需要它；是人類的痛苦與罪喚起了神的憐憫。

「求祢憐憫！基督啊，求祢憐憫！」教會乞求了多少個世紀；但如果我沒記錯，我聽到的卻是帶著哀傷絕望的乞憐聲。教會經常以不抱希望的沮喪，重複發出痛苦的呼求，使得人們不得不認為教會乞求的是一種天大的恩惠，也根本不預期自己真的會得到它。

教會也許會盡責地歌頌神的偉大，無數次背誦這個信條，但她對憐憫的乞求聽來卻像是毫無希望的盼望，除此之外就沒別的了，好像憐憫是來自天上的恩賜，只能渴望嚮往，但永遠無法實際享受到一樣。

我們之所以無法清醒地體驗到蒙神憐憫的純粹喜樂，究竟是信心不足的結果，或者是由於我們的無知，還是兩者皆是呢？以色列人也曾是如此。保羅曾為以色列人作見證道：「我可以證明他們向神有熱心，但不是按著真知識。」（羅馬書 10:2）而他們的失敗，是因為有一件至關重要的事是他們所不知道的。

在曠野中流浪的以色列人，〈希伯來書〉的作者這樣寫道：「只是所聽見的道與他們無益，因為他們沒有信心與所聽見的道調和。」（4:2）要接受憐憫，我們必須先知道神是滿有憐憫的。而且，光是相信神曾經向挪亞（諾厄）、亞伯拉罕或大衛施予憐憫，還要在將來某個快樂日子施予憐憫，也還不夠。我們必須相信神的憐憫是自由而無邊無際的，並且藉著耶穌基督我們的主，我們如今在自己身處的景況中，也能隨時得到神的憐憫。

我們也許會一生都懷著不信的心向神乞求憐憫，直到人生的終點，仍只能苦苦盼望有朝一日、在某個地方，我們會得到神的憐憫。這就像是我們被熱情地邀請赴宴，卻在宴會大廳外活活餓死一樣。如果我們真的想要得到憐憫，可以憑著信心緊緊抓住神的憐憫，進入大廳，與那些勇敢並熱切渴慕的靈魂一同坐下吃喝快樂，他們不會允許膽怯和不信之心攔阻他們享受為他們所預備的美食佳餚。

✝

興起，我的魂哪，興起吧！
甩脫你那因罪疚而起的恐懼；
流血的犧牲已經作了我的替身：
寶座前，我得救的中保站立，
我的名已寫在祂的掌心。

我的神已與我和好如初；
祂饒恕的慈聲我已聽見：
祂稱我為祂的兒女；
我再也無所懼怕：
滿懷信心，我今來就近祂，
喚祂一聲「父啊，阿爸啊，父啊」。

——查爾斯．衛斯理

第十九章

神的恩典

有全備恩典的神啊，祢向我們所懷的意念永遠是賜平安的意念，而不是降災禍的意念。求祢賜我們一顆相信的心，使我們在祢愛子裡得蒙悅納；求祢賜我們澄澈的智性，使我們能讚美祢在道德上的完美智慧，因這智慧竟能維持天國的純全美好，又接納我們這樣的罪人進到那裡面。

我們既震驚又讚嘆祢奇妙的作為，如此聖潔可畏的神，竟邀請我們進入祂的筵宴所，又以愛為旗覆蓋我們。我們無能表達這份感激之情，只求祢親自鑒察我們的心，因為感謝已經寫在我們的心上了。阿們。

在神裡面，憐憫與恩典本是同一件事；但是當臨到我們時，它們則被視為兩件事，雖然彼此相關，但並不完全相同。

憐憫是神的良善在面對人類悲慘與罪疚時所產生的反應，同樣地，恩典則是神的良善對人類罪債與過失的反應。藉著祂的恩典，神將過去所沒有的功勞歸給人，並宣佈人過去所欠的債已經一筆勾消了。

恩典是神的良善美意，令神樂意將人所不配得的好處賜給他們。恩典是自存的，是神性中的固有原則；恩典也是自發的，去憐憫那可憐不幸者、饒恕那有罪者、悅納那被遺棄者，並令那些過去曾受到公正譴責的人重新得到神的喜愛。對我們這些罪人而言，恩典的用處就是拯救我們，叫我們與神一起同坐在諸天上，好將神在基督耶穌裡向我們施予的滿溢恩慈顯明給後世的人。

神就是神自己，我們都從這一點得到了永恆的益處。因為神就是神之所是，所以祂領我們出監牢，使我們能夠抬得起頭，祂將我們的囚衣改換成王袍，又叫我們一生一世都能在祂面前享受祂的筵宴。

恩典源自於神的內心深處，源自於祂聖潔存在那可畏而不可測的深淵；但是恩典從神流向人的管道，卻是受死而復活的耶穌基督。使徒保羅是神救贖大恩的最有力推廣者，他從未將神的恩典與被釘十字架的神子分離開來。在他的教導中，這兩者總是形影不離，是有機而不可分離的整體。

〈以弗所書〉（厄弗所書）中的一段話，完整而優美地總結了保羅在這個主題上的教導：「又因愛我們，就按著自己旨意所喜悅的，預定我們藉著耶穌基督得兒子的名份，使祂榮耀的恩典得著稱讚。這恩典是祂在愛子裡所賜給我們的。我們藉這愛子的血得蒙救贖，過犯得以赦免，乃是照祂豐富的恩典。」（1:5-7）

約翰在他的福音書中也確認基督就是讓神的恩典能夠臨及眾人的中介：「律法本是藉著摩西傳的，恩典和真理都是由耶穌基督來的。」（約翰福音 1:17）

但是，就是在這個地方人容易離開真理，走入迷途；而有些人已經迷失了。他們硬是將這段經文獨立出來，脫離其他談論恩典教義的其他經文，並教導人們這段經文是說摩西只認識律法，而基督只認識恩典。於是舊約就讓他們變成了一本律法之書，而新約則成了恩典之書。然而事情完全不是這麼一回事。

律法固然是透過摩西傳給了人，但它並不是源自摩西。早在創世之前，律法就已深藏在神的心中。直到在西乃山上，它才成了以色列民族的法典，但是律法所體現的道德原則是永恆的。

從來不曾有一個時代，律法不是代表神對人類的意旨；也從來沒有一個時代，違背律法不會帶來律法本身的懲罰；儘管神是忍耐的，有時對於人因無知而犯下的不法行為，也願意「睜一隻眼閉一隻眼」。在保羅寫給羅馬人的書信，也就是〈羅馬書〉的第三章和第五章中，保羅便以嚴謹的論證非常清楚地說明了這點。基督徒道德的根源是基督的愛，而不是摩西的論法；然而，律法中所包含的道德原則絲毫沒有被廢除。沒有任何的特權階級可以不必遵行律法吩咐人要遵循的義。

舊約確實是本律法之書，但它不只是談到律法而已。在大洪水前，挪亞就「在耶和華眼前蒙恩」，在律法頒布後，神對摩西說：「你在我眼前蒙了恩。」（出埃及記 33:17）所以事情怎麼可能是另一種說法呢？神始終是祂自己，恩典則是祂聖潔存在的一個屬性。祂無法隱藏祂的恩典，正如太陽無法隱藏它的光芒。人或許能夠逃避日光，躲進陰暗潮濕的地洞中，但卻不可能熄滅太陽。同樣地，無論在新約或舊約時代，人可以蔑視神的恩典，但他們卻不能消滅恩典。

如果舊約時代只是苛刻、僵化的律法時代，那麼早期世界的整體面貌就不會像我們在古籍中所讀到的那樣愉快。我們不會看到神的朋友亞伯拉罕，不會有大衛這個合乎神心意的人，也不會有撒母耳（撒慕爾）、以賽亞、但以理這些先知了。甚至連列舉了舊約時代屬靈偉人的〈希伯來書〉第十一章，也將會變得黯淡無光。恩典在舊約時代的日子裡叫人能夠成為聖徒，到今天仍是如此。

從亞伯（亞伯爾）到此時此刻，沒有人不是靠著恩典得救。自從人類被逐出東方的伊甸園起，除非是透過神純全的良善，否則沒有人能夠再度蒙神悅納。並且，不論在哪裡，恩典總藉由耶穌基督臨及每一個人。

恩典固然是藉著耶穌基督而來，但它不需要等到祂降生於馬槽或是死於十架上才開始生效。從世界創立以來，基督就是那被殺的羔羊。在人類世界中，第一位與神恢復關係的人便是通過信靠基督。在古代，人類期盼著耶穌的救贖之工，在後來的時代，人們則回顧耶穌的救贖之工。但是他們始終是本乎恩、因著信而來到神的面前。

我們也必須謹記，神的恩典無限，並且存到永遠。正如它沒有開始，它也不會有結束，作為神的一個屬性，恩典是無邊無際也無窮無盡的。

與其絞盡腦汁地將恩典當成一個神學真理來理解，倒不如將恩典和我們的需要做個比較，也許事情會簡單點。我們永遠不會知道我們的罪有多麼巨大，也沒有必要知道。我們所能知道的是「罪在哪裡顯多，恩典就更加顯多了」（羅馬書 5:20）。

讓罪「顯多」，是我們過去或現在所能做的事裡面最壞的一件，也是我們最常做的一件。而「顯多」一詞也說明了我們能力的有限：儘管我們覺得自己的罪孽猶如聳立眼前的一座大山，這山仍是能夠標明出邊界的——我們可以說山有多大、多高，它的重量就是這麼多，並且不能再多。但誰能為神的無限恩典劃個界線呢？它的「更加顯多」將我們的思想投入到無限的領域，我們的思想在那裡手足無措。為這恩典的無限顯多，我們將一切的感謝都歸給神。

我們這些感到自己遠離神、不再能與神交流的人，如今可以在沮喪中抬起頭來，再次向神舉目。因為基督代贖受死的功勞，已經將我們被逐出樂園的原因挪去了。我們可以像浪子一樣回到家中，並且受到歡迎。當我們走近伊甸園——我們在墮落前的家園——的時候，那射出火焰的劍已經收起來了。當看守生命樹的天使看見恩典之子走近時，他們會站到一旁，讓我們歸家。

回家吧，流浪者，現在就回家吧，
尋求你天父的慈顏；
祂的恩典已點燃
你心中燃燒的全新渴慕。

回家吧，流浪者，現在就回家吧，
擦去流淌的淚水：
你的天父在呼喚——切莫再悲傷；
祂的愛邀請你進前來。

——威廉．班科．科列（William Benco Collyer）

第廿章

神的愛

我們在天上的父啊，身為祢的兒女，我們的心思常常備受攪擾，在感到信心堅定的同時，也聽到來自良心的控告。祢是如此聖潔公義的一位，我們深知，我們實在沒有任何東西可以吸引祢來愛我們，然而祢卻向我們宣告，祢在基督耶穌裡對我們的愛永不改變。如果說，在我們裡面沒有一點足以贏得祢的愛，那麼整個宇宙也沒有任何事物能夠攔阻祢愛我們。這愛不用什麼原因，也不是我們配得的。祢自己就是我們所以蒙愛的原因。

求祢幫助我們相信，那尋回我們的愛何其強烈，直到永恆。那麼，愛就會驅除我們心中的懼怕，使我們不安的心再次歸回平靜，因為我們信靠的不是自己，乃是祢所宣稱的祢的所是。阿們。

使徒約翰在聖靈的啟示下，寫下了「神是愛」這句話，於是有些人就將這話當成是對神本質的定義性聲明，這是大錯特錯。約翰只是透過這句話說出了一個事實，他並不是在下定義。

把神等同於愛，是犯了一個嚴重的錯誤，這錯誤會接連產生出許多有缺陷的宗教哲學，並帶來大量流於空想的詩歌，這些詩歌不僅不符合聖經教訓，也與歷史上基督宗教詩歌的風格完全兩樣。

倘若使徒確實宣稱愛等於神，我們就會被迫得出這樣的結論：神就是愛。如果按照字面上的意義主張愛就是神，那麼我們所有人就應該要敬拜愛，將愛當作唯一的神。如果愛是神，那麼神就只等於愛，而且神和愛完全相同。於是我們就摧毀了神是有位格的概念，並且直接否認了除愛之外神一切的屬性，更用愛取代了神。於是剩下來的神就不再是以色列的神了；不是我們的主耶穌基督的神與父；不是先知與使徒的神；不是聖徒、改革者與殉道者的神，也不是神學家和教會聖詩作者的神。

為了靈魂的益處，我們必須學習了解聖經。我們要擺脫文字的奴役，忠於它們所要表達的意義。文字應當表達觀念，而不是成為觀念的起源。我們說神就是愛、神就

是光、基督就是真理；當我們說這些話時，是期待人們用當我們說一個人「他是善良的化身」時的理解方式來理解。我們這樣說，並不是要說善良和那個人是完全等同的，也沒有人會用那種方式來理解我們的話。

「神就是愛」這句話的意思是，愛是神的一個基本屬性。愛是神真實的一面，但是愛不是神。愛表達了神在祂獨一存有中的所是，就如聖潔、公義、信實和真實一樣。因為神永不改變，因此祂始終照著自己的本性行事；因為神是單一的整體，因此祂從不曾為了發揮祂的某個屬性而擱置祂的另一屬性。

從神其他已知的屬性，我們或許可以更了解祂的愛。例如，我們可以知道神是自存的，所以祂的愛沒有起源；因為神是永恆的，所以祂的愛沒有終結；因為神是無限的，所以祂的愛沒有止境；因為神是聖潔的，所以祂的愛純潔無瑕；因為神是無可稱量的，所以祂的愛如海洋般無邊無際，何其深廣難測。在祂的愛面前，我們只能在靜默中欣然屈膝，對於祂的愛，就是最巧舌如簧的雄辯家也要自覺窘困而退下。

然而，倘若我們要認識神，並要為了其他人的益處而說出我們所知道的事，那麼我們就當談論神的愛。所有的基督徒都曾試著這麼做，但沒有一個人做得特別好。針對這個可畏而奇妙的主題，我能做的不會比一個想要摘取星星的孩子能做的更多。儘管如此，藉著將手伸向星星，那個孩子也許能讓人注意到星星的存在，他甚至能指出星星的方向，讓人可以注視正確的方向並看見那顆星星。因此，當我的心向崇高、閃耀的神的愛伸出手去時，或許會有某個從前不認識神的愛的人受到鼓舞而舉目觀看，從而得到了希望。

我們不知道（也可能永遠都不知道）愛到底**是什麼**，但我們能夠知道愛是如何顯明它自己的，對於如今的我們來說，這已經足夠。首先我們明白，愛以善意來顯明它自己。愛願意所有人都得益處，而不願任何人受到傷害或遭遇不幸。這就說明了使徒約翰所說的話：「愛裡沒有懼怕；愛既完全，就把懼怕除去。」（約翰一書 4:18）

懼怕是種令人痛苦的情緒，當我們想到自己可能受到傷害或經歷苦難時，就產生了懼怕的情緒。只要我們屈服於某個不願意我們好過的人的意念，恐懼就會持續影響我們。然而，一旦我們得到一個善意之人的保護，恐懼就消失了。一個在擁擠商店中走失的孩子是充滿恐懼的，因為他將身邊的陌生人都當成了敵人。然而只要他在母親的懷抱中待一會兒，所有的懼怕就消退了。孩子深知母親對他所懷的善意，這善意將懼怕除去了。

這世界遍佈著大大小小的敵人，只要我們受制於這些敵人可能帶來的傷害，恐懼就無可避免地會產生。不先消除造成懼怕的原因，一切克服恐懼的努力終會歸於徒勞，因為比起那些勸勉我們要平靜安息、不要懼怕的人，我們的心更加敏感聰明。只要我們仍受到「機會」之手的擺佈，只要我們仍相信平均數法則，只要我們仍指望著用自己的能力在計謀上勝過我們的敵人，並使我們生存下來，我們就完全有懼怕的理由。而恐懼是折磨人的。

然而，藉著知道愛是屬於神的，並進入隱密處依靠神愛子的膀臂——唯有這樣，才能驅散恐懼。倘若能讓一個人相信沒有什麼能夠傷害得了他，那麼所有的懼怕就會瞬間消失得無影無蹤。即使，有時他仍會感受到神經反射作用，產生對生理疼痛的本能厭惡，但那種內心深處的懼怕永遠不再會折磨他了。

神是愛，並且神掌權。祂的愛令祂渴望我們得到永遠的幸福，祂的最高主權讓祂能夠實現這個渴望。沒有任何事物能夠傷害一個善良的人。

人或能殘殺我身，
神的道永遠堅立，
神的國亙古長存。

——馬丁．路德

神的愛告訴我們，祂是友好的；祂的話向我們保證，祂是我們的朋友，也希望我們作祂的朋友。任何有一點謙卑之心的人都不會想到自己是神的朋友，但是這個想法並不是人類提出的。亞伯拉罕永遠不會說：「我是神的朋友。」但神自己卻說亞伯拉罕是祂的朋友。耶穌的門徒們或許會很猶豫是否該自稱是基督的朋友，但基督卻對他們說：「你們是我的朋友。」（約翰福音 15:14）

謙遜會讓我們反對如此魯莽的想法，無畏的信心卻讓我們敢於相信這話，並宣告神與自己之間的友誼。與其躲在園子的樹叢間，隱藏在自以為的謙卑裡；相信神所說的話，並且憑著勇氣大膽來到神的施恩座前，這樣更能榮耀神。

愛也是情感上的認同。愛不佔有任何事物，反而將一切贈與它灌注愛意的對象，不求任何回報。在這個由男人與女人組成的世界中，我們時常可以看到這樣的例子：一個消瘦而疲累的年輕母親，懷中乳養著一個白胖健康的嬰兒，她以閃爍著幸福與驕傲的眼神深情凝望著自己的孩子，心中無怨無悔。自我犧牲的行為是愛中常見的。基督這樣說到祂自己：「人為朋友捨命，人的愛心沒有比這個大的。」（約翰福音15:13）

自由的神卻允許祂的心在情感上與人認同，這也實在是一件奇特又美好的事了。完全自存的存在如祂，卻渴望得到我們的愛，不得到就無法心滿意足。完全自由的存在如祂，卻讓祂的心與我們繫在一起，永不分離。「不是我們愛神，乃是神愛我們，差祂的兒子為我們的罪作了挽回祭，這就是愛了。」（約翰一書4:10）

聖徒朱利安說：「我們的靈魂得到至高者如此特別的愛，超越了所有受造之物的知識：也就是說，沒有一種受造物能夠明白我們的創造者對我們的愛有多深，明白這愛有多甜美、多溫柔。所以，我們能夠憑著恩典以及祂的幫助，以屬靈的眼光注視這崇高、超越而無法測度的愛，而感到驚奇不已；這愛是全能的神出於祂的良善而向我們發出的。」[26]

愛的另一個特徵，就是祂因祂的對象而歡喜。神享受祂的創造。使徒約翰坦白地說，神是為了自己的喜樂而創造世界。神愛祂所創造的一切，並因此而快樂。當神愉快地提到祂的工作時，我們都能感受到祂洋溢的喜悅之情。〈詩篇〉一〇四篇是得到神啟示的一首以自然為主題的詩，詩中流露的快樂幾乎到了狂喜的地步，整首詩洋溢著神的喜樂：「願耶和華的榮耀存到永遠！願耶和華喜悅自己所造的！」（104:31）

神在祂的聖徒身上得到了特別的喜樂。許多人認為神遙不可及，個性陰沈，對一切都感到十分不悅，以固執的冷漠從天上俯視這個祂早已失去興趣的世界；但這種想法是錯誤的。

的確，神恨惡罪，祂也絕不會以愉快的心情看待人所作的惡事，但是當人尋求遵行祂的旨意時，神就會立即以真誠的愛加以回報。基督已經透過祂的救贖除去了人與神交流的障礙。如今在基督裡，所有相信神的靈魂都是神所喜悅的對象。「耶和華你的神是施行拯救、大有能力的主。祂在你中間必因你歡欣喜樂，默然愛你，且因你喜

26 Julian of Norwich, *op. cit.* p. 58.

樂而歡呼。」（西番雅書3:17）

根據〈約伯記〉記載，神是在音樂的伴奏中完成祂的創造之工。神問約伯：「我立大地根基的時候，你在哪裡呢？……那時，晨星一同歌唱，神的眾子也都歡呼。」（38:4, 7）英國詩人約翰．德萊登（John Dryden）在他所寫的〈聖則濟利亞日之歌〉（A Song for St. Cecelia's Day）中，把這個想法更推進一步，卻又不會太過遠離真理：

從和音，來自天上的和音中，
宇宙開始成形了。
當自然仍埋藏在一堆嘈雜刺耳的原子下，
不能抬頭，
天上忽然傳來一個美妙的聲音，
「起來吧，我賜你生命！」
於是冷與熱、乾與濕

便隨著音樂的指揮，
各自奔向自己的崗位，
從和音，來自天上的和音中，
宇宙開始成形了。
從和音到和音，
唱盡了天上的一切曲調，
終於在人那裡達到了完美的和諧。

音樂是喜樂的表達，也是喜樂的泉源，而最純粹也最接近神的喜樂，則是愛的喜樂。地獄之所以沒有喜樂，是因為那裡沒有愛。天堂裡充滿音樂，因為那裡洋溢著聖潔之愛所帶來的喜樂。

在地上，愛所帶來的喜樂總是摻雜著苦痛，因為世上有罪，也有仇恨與惡意。在我們這樣的世界裡，愛有時必須要承受痛苦，正如基督也為了屬祂的人捨己而受苦。但我們有確實的應許，最終所有悲傷的原因都要被除去，新的族類將永遠享受一個充滿無私與完全之愛的世界。

愛的本質是無法保持消極不作為的。愛是積極、富有創造力、和善的。聖經中說：「惟有基督在我們還作罪人的時候為我們死，神的愛就在此向我們顯明了。」（羅馬書 5:8）「神愛世人，甚至將祂的獨生子賜給他們。」（約翰福音 3:16）那就是愛的極致；愛必然會為屬自己的人作出犧牲，不惜任何代價。

使徒們嚴厲譴責初代的教會，因為他們當中有些人已經忘記了這個道理，他們將所擁有的財物花費在個人享樂上，而不顧生活困苦的弟兄。世世代代以「耶穌所愛的那門徒」為世人所知的約翰這樣寫道：「凡有世上財物的，看見弟兄窮乏，卻塞住憐恤的心，愛神的心怎能存在他裡面呢？」（約翰一書 3:17）

神的愛是宇宙中偉大的事實之一，也是支撐著世人盼望的一根支柱。但神的愛也是一件個人的、親密的事。神愛的不是哪個地方的人，祂愛的是全部的人。祂愛的不是抽象的群體，而是具體的個人。祂以大愛來愛我們眾人，這愛沒有開始，也不可能有終結。

在基督徒的經歷中，有一種愛令人心滿意足，這愛令基督宗教與其他一切的宗教不同，也將它提升至一個遠超世上最純粹、最高貴哲學的高度。這愛的中心內容並不是某個具體的事物；這愛就是神自己在祂的教會中，為屬祂的人歌唱。基督徒的真實喜樂，就是從他們心中所發出的對神這首愛之歌的和諧響應。

✝

神隱藏的愛，何其闊長高深，
不可測度，無人能曉，
從遠處我看見祢美麗光芒，
我心深處發出嘆息，渴望得到祢的安息；
我心痛，不得安歇，
直到在祢裡面找到安息住處。

——格哈德．特爾斯特根

第廿一章

神的聖潔

榮耀歸於天上的神。因祢偉大的榮耀我們讚美祢，我們稱頌祢，我們敬拜祢。主啊，我說的是我不明白的；這些事太奇妙，是我不能知道的。我從前聽聞有祢，如今親眼見祢，因此我厭惡自己，在塵土和爐灰中懊悔。主啊，我要用手摀口；我說了一次，是的，說了兩次，但我不會再說了。

然而當我默想時，火燒了起來。主啊，我必須開口講論祢，免得我的沉默得罪了祢這一代的兒女。看哪，祢已揀選了世上愚拙的，要叫那聰明的羞愧；祢揀選了世上軟弱的，要叫那強壯的羞愧。主啊，不要離棄我。讓我向這世代述說祢的能力，向要來的世代展示祢的大能。求祢在教會興起先知與先見，使他們稱揚祢的榮耀，並藉著祢大能的聖靈，恢復祢的百姓對至聖者的認識。阿們。

與至高神的旨意之間的巨大決裂，使我們承受了道德上的打擊，這打擊在所有人身上留下的永久創傷，影響著我們本性的各個方面，也使得我們的內在及周遭環境都生病了。

當以賽亞在他革命性的異象中看見神的聖潔時，那一刻，他顫抖的心彷彿受到來自天上的重擊，因為他忽然意識到了自己的汙穢與敗壞。他不禁哀嚎：「禍哉！我滅亡了！因為我是嘴唇不潔的人，住在嘴唇不潔的民中；又因我眼見大君王萬軍之耶和華。」（以賽亞書 6:5）

這段話表達出每個人的心聲，當人們發現自己在偽裝之下的本相，並在內在異象中得見神的無瑕聖潔時，都會有這樣的感受。這樣的經驗了帶來情感上的劇烈震動，這也是必然的。

我們不會覺得自己的周遭有什麼問題，只要情況沒有失控，沒有威脅到安逸舒適的生活，我們都不會感到不安——直到我們用神看我們的眼光來看待自己。

因為我們已經學會居住在不聖潔的事物之中，並把不聖潔的事物當成是自然、可預期的事。當我們發現教師所說的並非都是真理、政治人物不信守承諾、商人並非全然誠實，或是朋友不是百分之百可靠時，我們並不感到沮喪，為了生存下去，我們將這些情況當成是必然的法則，以此來保護我們不受周遭之人的傷害，並且讓事情就這樣持續下去。

無論是說還是聽這些話的人，都沒有資格領會神的聖潔。我們實在需要在心靈的沙漠中開出一條新的河道，好讓真理的甘泉能夠湧入，治療我們染上的重症。我們無法藉著思考某個十分純潔的人或物，再用那個概念提升我們領會能力的極限，以此來掌握神的聖潔的真實意義。神的聖潔並不是將我們所知最好的東西想像為無限地更好。我們知道的東西沒有一樣能和神的聖潔類似。

神的聖潔是與眾不同、獨一無二、不能接近、不可理解，並且不能企及的。屬肉體的人對神的聖潔是無法得見的。人或許畏懼神的大能、讚美祂的智慧，但是對於神的聖潔，人甚至連想像都想像不來。

只有至聖者的靈才能向人的靈傳授有關至聖者的知識。然而，正如電流只能通過導體傳輸一般，聖靈也只能通過真理來流通，祂必須先在人的心裡找到一些真理，然後才能光照人心。只有真理的聲音才能喚醒人的信心，對其他聲音它便無動於衷。

「信道是從聽道來的，聽道是從基督的話來的。」（羅馬書 10:17）神學知識是聖靈流入人心的媒介，但是人必須先有謙卑的悔改之心，真理才會催生出信心。神的靈就是真理的靈。一個人可能腦中有真理知識而內心沒有聖靈，卻不可能有聖靈而沒有真理。

魯道夫．奧圖曾對神的聖潔做過深刻的研究，他提出了強有力的論證，說明人的心思裡存在著某種他稱之為「玄秘」（numinous）的東西，顯然，他的意思是人會感覺到世上存在著某種模糊而不可理解的東西，環繞擁抱著整個宇宙，即「赫赫可畏且引人入胜的極大奧秘」（Mysterium Tremendum）。

這個令人戰慄的玄秘之物，人的頭腦無法理解，只能透過感性的方式在人的靈魂深處去**感覺到它**。它是始終存在人裡面的一種宗教本能，是對那無以名之、難以查明之「神聖同在」的一種感覺，它如「水銀般鑽入受造之物的血管」，並不時以超自然、超理性的面貌震撼人類的心靈。在有過這樣的經歷之後，人只能頹然倒下並全然臣服，戰慄而默然不語是他唯一的反應。

這種不屬於理性的恐懼，這種對世上存在著某種非受造之奧秘的感覺，是一切宗教背後的基礎。無論是聖經所啟示的純粹宗教，還是原始部落民族所擁有的泛靈論信仰，它們的存在都是基於人類本性中的這種基本本能。

當然，以賽亞或保羅會信奉的宗教與泛靈論者所信奉的宗教仍有區別，區別在於一個有真理，而另一個沒有；泛靈論者有的不過是感受「玄秘」的宗教本能，他們能夠「感覺到」有一位他們不認識的神，但以賽亞或保羅這樣的信仰者卻是通過神在聖經中的自我啟示而發現了一位真神。

感受到奧秘，尤其是那極大的奧秘，是人的基本天性，它對宗教信仰是不可或缺的，但只有這樣仍然不夠，因為在談到這個奧秘時，人們也許只會低聲說：「那可怕的東西。」卻不會呼喊：「我的聖者啊！」

在希伯來人和基督徒的聖經中，神逐步地向我們啟示有關祂自己的事，並將祂所啟示的自己賦予了人格與道德。神這個令人敬畏的存在並不是以「事物」的形式展現出來，而是一種道德的存在，祂具備了真實人格的所有溫暖特質。不僅如此，祂更是道德完美的至高典範，在公義、純潔、正直，以及人所不可理解的聖潔上，都無限完美。在這一切當中，祂是非受造的，也是自存的，超越了人類思想的想像範圍，不是人的口舌所能表達。

通過神在聖經中的自我啟示以及聖靈的光照，基督徒得到了一切，而且前面提到的兩方面都顧及到了，沒有絲毫遺漏。在對神的想法中，基督徒增加了人格及道德品行這雙重概念，但是他在這個充滿世界的**奧秘**面前，那種驚奇與畏懼的原始感受卻保留了下來。今天他可以歡喜跳躍地呼喊：「阿爸父啊！我的主我的神啊！」明天他也可以喜樂戰兢地屈膝，讚美敬拜這位住在永恆之中的至高至上者。

聖潔就是神的所是。祂不需要符合某種標準才能成為聖潔，祂就是標準。祂是絕對聖潔的，具有無限而人所不能理解的全然純潔，這種純潔就是純潔本身，不可能是任何其他事物。因為祂是聖潔的，祂的屬性也是聖潔的；也就是說，我們想到任何屬於神的事物，都必須把它想成是聖潔的。

神是聖潔的，祂使聖潔成為祂所造的宇宙能夠健康的道德必要條件。罪暫時存在於這個世界只是強調了這一點的重要性而已。凡聖潔的也必是健康的；邪惡乃是一種道德疾病，最終的結果必然是死。語言的構成就說明了這一點，在英文中「聖潔」（Holy）這個字是從盎格魯—薩克遜語的 **Halig** 衍生而來，而 **Hal** 的意思即是

「好的，健全的」。

既然神對於祂的宇宙首先關心的是它的道德健康——也就是它的聖潔——那麼，凡是與聖潔相反的東西就必定永遠為祂所不喜悅。為了保護祂創造的宇宙，祂必須摧毀會摧毀這宇宙的一切。當祂起來消滅罪惡，將世界從無可挽回的道德潰敗中拯救出來的時候，人們說祂是發怒的神。在歷史上，每一次神憤怒的審判都是為了維護宇宙的道德健全而採取的聖潔行動。神的聖潔、神的忿怒，以及受造界的健康是密不可分的。神忿怒，是祂絕對不能容忍任何墮落並造成破壞的事物。祂恨惡罪，正如一位母親痛恨奪去她孩子健康的小兒痲痺症一樣。

神是聖潔的，是絕對的、沒有等級的聖潔，祂不能將祂的聖潔分賜給祂的受造物。但是有一種相對的、有條件的聖潔，祂可以和天上的天使和撒拉弗們分享，也可以和地上得贖的人分享，以預備他們進入天堂。

神可以這麼做，也確實將這種聖潔分賜給祂的兒女了。祂是透過「歸罪」（imputation）及「分賜」（impartation）做到的，而因為祂是透過羔羊的血讓人可以得到這種聖潔，神就要求他們要聖潔。神先是對以色列，然後是對祂的教會說：

「你們要聖潔，因為我是聖潔的。」（利未／肋未記 11:44；彼得前書 1:16）祂沒有說「你們要和我一樣聖潔」，因為那樣就是要求我們要絕對聖潔，而絕對聖潔只有神才能擁有。

在神的聖潔所發出的非受造火焰前，就是天使也要蒙上它們的臉。是的，在神的眼中，就是諸天也不聖潔、星宿也不純淨。沒有一個誠實人會說：「我是聖潔的。」但也沒有一個誠實人會有意忽視聖經作者在聖靈啟示下所鄭重說出的話：「你們要追求與眾人和睦，必要追求聖潔，非聖潔沒有人能見主。」（希伯來書 12:14）

陷入這樣一個進退兩難的處境中，我們基督徒當如何行呢？我們必須像摩西一樣，以信心和謙卑遮蓋自己，才能迅速地偷瞥一眼那位無人見過後還能存活的神。憂傷痛悔的心，祂必不輕看。正如摩西在神的榮耀經過他面前時，將自己隱藏在磐石穴中一樣，我們必須將自己的不聖潔隱藏在基督的傷口裡，把自己隱藏在神的裡面來躲避祂。最重要的是，我們應當相信，神在祂兒子裡看我們為完全，並且祂會管教、磨練、潔淨我們，使我們在祂的聖潔中也有一份。

憑著信心與順服，藉著持續默想神的聖潔、喜愛公義、恨惡罪孽，藉著更多地認

識神聖潔的靈，我們可以使自己漸漸適應與世上聖徒的親密交流，並為了將來在天上與神和眾聖徒的永遠相伴而預備自己。因此，正如人們說的，當謙卑的信徒相聚時，就是人間天堂，也是天上天堂的預嘗。

永遠的主啊，
祢永恆的年歲何其可畏！
我們日夜俯伏敬拜不停歇！

祢的面容何其美麗，何其美麗！
祢智慧無窮、能力無限，
祢的純潔令人生畏！

喔，永活的神，我何等敬畏祢！

以我內心最深、最溫柔的敬畏，
以我顫抖的希望、痛悔的眼淚，
我敬拜祢。

——費伯

第廿二章

神的至高主權

我們的主，萬軍之耶和華啊，祢是至高無上、大有可畏的神，誰敢不敬畏祢呢？因為唯有祢是主。祢創造了諸天與地，及地上一切萬物，所有活物的氣息都在祢的手中。

在洪水氾濫之時，祢坐著為王；是的，祢坐著為王，直到永遠。祢是全地的大君王。祢以能力為衣袍；榮耀與尊貴都在祢面前。阿們。

神的至高主權就是祂統治祂整個創造的屬性，而要有至高主權，神必須是全知、全能，並且是絕對自由的。理由如下：

倘若有一點點的知識是神所不知道的，哪怕是多麼微小，那麼祂的統治就會在那一點上失敗。要作萬有的主宰，神就必須擁有一切的知識。倘若神缺少了一點點的能力，哪怕是無限小的能力，那個小小的缺乏就會終結祂的統治，祂的國度也將分崩離析；那一丁點的能力將屬於別人，而神就會成為一個有限的統治者，再也不能享有至高主權。

再者，祂的至高主權要求祂必須絕對的自由，簡單的意思就是祂必須自由地按照祂的意願，在任何時間、任何地點，做任何祂想做的事，以實現祂永恆的目標，並且其中的任何細節都不受任何外力干擾。倘若祂不是絕對的自由，祂就必然不能享有至高主權。

我們的心智必須要耗費相當大的工夫，才能理解「無條件的自由」這個觀念。我們在心理上並不適應這樣的想法，因為我們習慣的是「不完全的自由」。我們對自由的觀念是在一個不存在絕對自由的世界中形成的，在這裡，每一個天然的事物都依賴於許多其他的事物，而這樣的依賴就限制了事物的自由。

英國詩人威廉．華茲渥斯（William Wordsworth）在其長詩《序曲》（*Prelude*）的一開始，描述他因為逃離了長期困住他的城市而歡欣，他——

如今自由了，自由得像隻鳥兒，
可以在任何想要的地方落腳。

然而，自由如鳥仍然不是真正的自由。這位自然主義者明白，所謂自由的鳥兒，實際上一生都被困在由恐懼、飢餓及本能所打造而成的鳥籠中；鳥兒受到天氣狀況、氣壓變化、當地食物供給以及掠食者的種種限制，而牠受到的最奇怪束縛就是一種難以抗拒的強迫力，使得牠僅僅停留在鳥類王國自然法則為牠劃定的一小塊土地與天空中。因此，最自由的鳥兒，以及所有其他的受造之物，都同樣難逃由必然性所織成的網羅。唯有神是自由的。

說神是絕對自由的，是因為沒有任何人或事物能夠攔阻、強迫或是阻止祂。祂總是能夠按照自己的心意行事，無論在何處，直到永遠，皆是如此。擁有這樣的自由，也意味著神必然擁有擴及宇宙的一切權柄。我們從聖經中知道祂有無限的能力，也能從神的其他屬性中推論出這一點。但是祂的權柄又是怎麼一回事呢？

其實，連討論神的權柄都似乎沒有意義，更何況是質疑神的權柄，那就更是荒謬了。我們能夠想像萬軍之耶和華需要請求誰的允許，或是向一個更高的實體請求什麼嗎？神要向誰去請求許可呢？誰能比至高者更高？誰能比全能者更有能力？誰的地位在永在者之前呢？神要向誰的王座屈膝下拜？哪裡有更偉大的存在可以讓神去提出上訴呢？「耶和華以色列的君、以色列的救贖主萬軍之耶和華如此說：『我是首先的，我是末後的，除我以外再沒有真神。』」（以賽亞書 44:6）

神的至高主權已經在聖經中得到良好闡述，也由真理的邏輯大聲宣告，但我們必須承認，它也引起了一些問題，截至目前為止都未能得到滿意的答覆。最主要的問題有兩個：

第一個問題，就是在神所造的世界中，出現了一些祂所不贊成的事物，像是邪惡、痛苦與死亡。如果神有至高主權，那麼祂應當能阻止這些事物的出現。為何祂卻沒有這麼做呢？

古波斯帝國的國教瑣羅雅斯德教（Zoroastrianism，中譯為祆教、拜火教），是非聖經啟示的偉大宗教中最崇高的宗教，其神聖經典《阿維斯陀注釋本》（*Zend-Avesta*）從神學二元論的角度漂亮地解決了這個難題。它預設有兩個神，歐瑪茲特（Ormazd）與阿里曼（Ahriman）共同創造了世界。善神歐瑪茲特創造了所有好的事物，惡神阿里曼則創造了其餘的事物。這樣一來，事情十分簡單，歐瑪茲特沒有至高主權需要操心，他顯然也不在意與另一位神分享他的特權。

但是對基督徒來說，這個解釋是行不通的，因為這明顯牴觸了聖經一貫強調並教導的真理，也就是**只有一位神**，祂單獨創造了天地及其中的萬物。此外，神的許多屬性也決定了不可能有另一位神的存在。基督徒承認，對於「神為何容許邪惡存在」這個謎團，並沒有最終的答案，但是他知道答案一定不是什麼，也知道從《阿維斯陀注釋本》中不會找到正確的答案。

儘管我們不能完整地解釋罪的起源，但有些事是我們確實知道的。我們知道，在至高主權的智慧中，神容許邪惡存在於祂所創造的世界中，但是僅限於祂仔細劃定的範圍內，邪惡就像是個逃亡的歹徒，它的活動是暫時的，範圍是有限的。神乃是根據祂無窮的智慧及良善而這樣做。除此之外，迄今為止，沒有人知道得更多；人也不需要知道更多。因為神的名就足以保證，祂的工作必定是完美的。

神的至高主權所產生出的另一個問題，和人的意志有關。如果神以祂至高主權的命令統治著祂的宇宙，那麼人怎麼可能有選擇的自由呢？如果人不能行使選擇的自由，那麼他又如何能夠對他的行為負責呢？他豈不只是個木偶，只能任由幕後操縱絲線的神隨心所欲地擺佈嗎？

嘗試對這些問題進行解答，讓基督教會分成了兩個截然不同的陣營，各由一位傑出的神學家所代表，一位是雅可布·阿民念（Jacob Arminius），另一位則是約翰·加爾文（John Calvin）。大多數的基督徒都選擇進入其中一個陣營，也因此，要不是否認神的至高主權，就是否認人的自由意志。然而，調和這兩種立場而不傷害其中任何一個，這似乎是可能的，只是對兩個陣營的信徒而言，這樣的努力可能還是不夠。

我的看法是：神以祂的至高主權命令，人應當自由行使道德選擇，而人從一開始就履行了此一命令，也就是在善良與邪惡之間作出他的選擇。當他選擇了行惡時，他

並不是在對抗神的至高主權，而是在履行這個命令，因為神永遠的命命決定的不是人應該作出何種選擇，而是人應該自由地作選擇。

在神的絕對自由中，如果祂願意賜給人有限的自由，那麼有誰能阻擋祂行事並說：「祢作什麼呢？」人有自由意志，是因為神有至高主權。神的主權若不是至高的，祂就無法賜給祂的受造物道德的自由，祂會害怕這麼做。

也許一個通俗的例子可以幫助我們明白這個想法：有一艘遠洋客輪從紐約出發，前往利物浦。它的目的地是有關當局預先決定的，沒有任何事物能夠改變——這一點可以略微讓我們想像至高主權所代表的意思。

在這艘客輪上有上百名乘客。他們可以自由行動，並沒有什麼命令決定他們應該做什麼。他們可以完全自由地按照自己的意願行動，在船上吃飯、睡覺、玩耍，在甲板上悠閒地走動或躺臥，讀書、談話，全都可以隨心所欲；但是在此同時，這艘搭載著他們的客輪，正堅定地朝向早已預定的港口駛去。

在這裡，自由與至高主權兩者並存，彼此間並未形成衝突。而我相信，人的自由與神的至高主權也是如此。神的至高主權正如那艘巨型客輪，在歷史所形成的海洋中穩定地航行在自己的航道上。神的行動不受干擾與阻礙，朝著祂在創世之前在基督耶穌裡所預定的永恆定旨前進。我們並不知道這些永恆定旨包括了什麼，但是神所啟示出來的，已經足夠讓我們對即將要來的事有個大致輪廓，並使我們對未來的福樂有美好的盼望以及堅定的確信了。

我們知道，神會實現祂藉著先知們所許下的每一個應許；我們知道，罪人有一天要從世上被除盡；我們知道，有一群蒙贖的人將要進入神的歡樂，義人必在父神的國度中發出光來；我們還知道，神的完美將要得到全地的歡呼，所有智慧的受造物都將承認耶穌基督為主，並將榮耀歸與父神，現今不完美的秩序將被廢去，新天新地將建立起來並存到永遠。

神正以無窮智慧及完全精準的行動，向著這些目標前進。沒有任何人能夠勸動他放棄祂的目標，也沒有任何事物能夠使祂放下祂的計畫。因為祂無所不知，所以不會有任何祂不曾預見的情況，也不會有意外發生。因為祂有至高主權，所以不會有命令撤銷，或是權柄崩壞的情況；因為祂無所不能，所以也不會有缺少能力以致無法達成祂預定目標的情況。神自身就足以成就這一切。

與此同時，事情的進行也必不會像這裡所描述的那樣簡單順利，罪孽的奧秘仍持續運作著。在神的至高主權、也是祂容許的意旨所主宰的廣大領域中，善與惡的殊死爭鬥持續進行，並越演越烈。即使在狂風暴雨中神仍能依照祂的道繼續前行，但狂風暴雨猶在，而我們作為負責任的存在，應當在現今的道德景況下作出自己的選擇。

神的自由主權確實已經決定了某些事，其中一件就是作出選擇與承受後果的法則。神已命定，凡是甘心信服祂兒子耶穌基督，又樂意委身於祂的人都必得永生，並成為神的兒女。祂也已命定，所有喜愛黑暗，並持續反抗天上至高權柄的人必要在屬靈上與神隔絕，至終承受永遠的死亡。

將這一切縮小至個人的層次，我們就能得到與自身息息相關的重要結論。在我們周遭發生的這場道德爭戰中，凡是屬神的人就站在了勝利的一方，他絕不落敗；凡是站在另一方的人就站在了失敗的一方，他必輸無疑。在這裡不存在僥倖，也不需要碰運氣。我們有選擇站在哪一方的自由，但是一旦作出了選擇，就沒有對選擇的後果討價還價的自由了。然而，因為神的憐憫，我們可以悔改自己所作的錯誤選擇，並藉著做出正確的新選擇而改變結果。除此之外，我們就不能再多做什麼。

整個道德選擇的問題都以耶穌基督為中心。基督明明白白地說：「不與我相合的，就是敵我的。」（馬太／瑪竇福音 12:30）又說：「若不藉著我，沒有人能到父那裡去。」（約翰福音 14:6）福音的信息具體包含了三個不同的要素：一個宣告、一個命令，和一個呼召——宣告在神的憐憫中救贖大工已經完成的好消息；命令各地的人要悔改；呼召世上的人藉著信耶穌基督為主與救主，而滿足恩典的要求。

我們全都必須選擇，是順從福音，還是不信而拒絕福音，抵制它的權柄。選擇握在我們的手中，但神至高主權的意志已經決定了選擇的結果，在這一點上，沒有人能夠再跟神提出上訴。

✝

主從高天降臨，
諸天中至高者也要向祂下拜，
祂將天空的黑暗
踐踏在祂腳下。

祂以基路伯與撒拉弗為坐騎
煥發君王威嚴，
祂乘著勁風之羽翼
飛越一切居人之地。

祂安坐於洪濤之上，
平息怒濤狂瀾。
祂是至高的主與君王，
作王直到永遠。

——湯瑪斯．史登厚德（Thomas Sternhold），意譯自〈詩篇〉

結語

公開的秘訣

從永恆的眼光來看，此時此刻我們迫切需要的，是要將教會從她長期被擄於巴比倫的境況中拯救出來，使得教會能夠像在舊時那樣，使神的名得到榮耀。

然而，我們千萬別將教會當成一個匿名的組織，一個神秘的、宗教的抽象概念。基督徒就是教會，我們的作為就代表了教會現在的作為。因此，這問題也是我們作為個人要去面對的問題。教會要向前進，就必須從個人跨出第一步。

我們這些一般的信徒們，能夠做什麼來挽回已經逝去的榮耀呢？有什麼秘訣是我們可以掌握的嗎？有沒有一套能使個人復興起來的公式，可以運用到現今的大環境以及我們自身的處境？針對這些問題，答案是**肯定**的。

然而，這個答案可能很容易讓有些人感到失望，因為它一點也不深奧。我所提供的不是什麼高深玄妙的謎樣文字，需要絞盡腦汁才能破解其中的神秘編碼。我也不訴諸什麼無意識的隱藏法則，或是那些只有少數人才懂的秘傳知識。我要說的是個公開的秘訣，販夫走卒都能明白。它只是個古老但歷久彌新的忠告：**你要認識神**。教會要重拾失去的能力，就必須明白天國是敞開的，對於神的了解，也要有轉化性的洞察與改變。

我們所看見的神，必然不能是現今廣受眾人歡迎的那位功利主義的神，這位神之所以吸引人，主要是因為祂宣稱祂有能力讓人在各種事業上取得成功，於是眾人為了得到好處，就對他大加奉承、吹捧。

我們必須學著認識的神，是天上的君王，全能的父神，天地萬物的創造者，我們獨一全智的救主。祂坐在地的大圈之上，鋪張諸天如幔子，展開穹蒼如可居住的帳篷；祂藉著大能創造天上萬象，按數目領出，又一一稱其名。人的工作在祂眼中盡是虛空，祂不信賴王室的血脈，也不需要君王的忠告。

人無法單靠研究而認識這樣一位神，乃是要藉著屬血氣的人所不知道、也不能領會的智慧，因為這知識只有屬靈的人才能參透。要認識神是世界上最容易的事，也是最困難的事。它之所以容易，是因為你不需要絞盡腦汁才能學會，這知識乃是白白地賜給人的，正如陽光白白地普照大地一樣，對至聖者的知識也是白白賜給人的恩賜，只要人願意敞開自己，就能將它接受進來。但這知識也是困難的，因為要接受它，需要滿足一些條件，而墮落之人的頑固天性是不會對這些條件輕易讓步的。

且讓我為這些條件做個簡要的陳述，我的根據乃是聖經以及歷世歷代以來世上最

聖潔美好的聖徒所不斷重複的教導：

首先，我們必須離棄我們的罪。人若活在罪惡之中，便不能認識神，這個概念對基督徒而言並不陌生。在基督宗教出現前許多年便已問世的希伯來文著作《所羅門智慧書》（*The Wisdom of Soloman*）中有這樣的一段話：

> 你們在世上的審判官啊，要喜愛公義。當用你善良的心來思考神，用單純的心來尋求祂。因為不試探神的人，能夠尋見祂；信靠祂的人，能夠得見祂。頑梗的心使人與神隔絕，愚頑人試探神的能力要受到譴責。智慧不會進入惡毒人的心，也不居住於生活在罪中的人裡面。管教的聖靈會遠離欺詐，避開沒有悟性的思想，也不與不公義同處一處。

在聖靈所啟示的聖經中，可找到表達同樣思想的各種說法，最為人所知的也許是耶穌所說的：「清心的人有福了，因為他們必得見神。」（馬太福音 5:8）

其次，我們應當憑著信心將一生全然交託給基督。這就是「相信基督」這句話的真正含義。這包括在意志與情感兩方面都依靠基督，還要有在一切事上順服祂的堅定決心。這要求我們遵從祂的命令，背起我們的十字架，愛神也愛人。

第三，我們必須認定向著罪的自己已經死了，如今乃是向著神在基督耶穌中活著，敞開我們的全人，好讓聖靈能夠流進來。接著，為了與聖靈同行，我們必須在相關的各樣事上操練自制，並將肉體的情慾踩踏在我們的腳下。

第四，我們必須勇敢地拒絕這個墮落世界的廉價價值觀，並且在靈裡完全脫離那些不信之人全心全意追求的一切，只享受神賜給義人（也賜給不義之人）的那些最簡單自然的享受。

第五，我們應當長久操練在愛中默想神的威嚴，這是一門需要花一些努力才能掌握的藝術，因為威嚴的概念已幾乎消失在人類的思想中。現在的人只關注他自己。各種形式的人文主義已取代神學成為理解生命的鑰匙，如同十九世紀詩人施溫伯恩（Swinburne）所寫：「榮耀歸於至高之處的人！因為人是萬物的主宰！」這是他獻給現代世界的全新讚美頌。我們應該透過特意的努力來扭轉這一切，我們的心靈也必須有耐性地加以維持。

具有位格的神，也像人一樣，當我們的心預備好要經歷奇妙之事時，我們與祂的關係就能夠日漸親密起來。當令聖經發出光芒的榮耀照亮我們的內在生活時，也許我們有必要改變我們過去對神的看法。

對於現今福音派教會中盛行的那種毫無生氣的照本宣科，我們可能也需要溫和而悄悄地告別，或是對那股將輕浮視為基督徒品格的歪風提出抗議。這樣做可能會讓我們失去朋友，或是得到假道學的名號，但那都是短暫的；人若是因為預期會造成不愉快的後果而影響了他的行為，這樣的人就不配進神的國。

第六，隨著對神有愈加奇妙的認識，我們就感覺有必要更多地服事人。這種蒙福的知識並不是只為了個人的自私享受。我們對神的認識越完全，就越感覺到有一種強烈的渴望，希望將這些新發現的知識化為善行，來服事受苦之人。隨著我們更加認識神，將一切賜予我們的神也會透過我們繼續將一切賜予人。

至此，我們已經探討了個人與神之間的關係。但是，正如一個人右手上所塗的膏油會因為香氣而「被人知曉」，我們對神的知識一旦加深，也將很快影響到基督徒群體中處於我們周遭的人。我們應當刻意尋找機會，將這日益增多的亮光與神家中的成員們分享。

要做到這一點，最好的辦法就是堅持在我們所有的公開事奉中，完全聚焦於神的威嚴。不僅是私人的禱告要被神充滿，我們的見證、唱詩、講道、寫作，也都應當以我們那位聖潔又聖潔的主為中心，並不斷頌讚祂的尊貴與能力。

在天上至高威嚴者的右手邊坐著一位得榮耀的人，此刻正忠信地代表著我們。我們不過是暫留於人世間，在這短暫的時日裡，就讓我們在地上忠信地代表祂吧。

國家圖書館出版品預行編目資料

認識至聖者：神的屬性，以及對基督徒信仰生活的意義 / 陶恕(Aiden Wilson Tozer) 作；陳雅馨 譯. -- 初版. -- 臺北市：啟示出版：家庭傳媒城邦分公司發行, 2019.08
面； 公分. -- (Soul系列；54)

譯自：The Knowledge of the Holy: The Attributes of God: Their Meaning in the Christian Life

ISBN 978-986-96765-9-5 (平裝)

1.上帝 2.神學 3.基督徒

242.1 108012596

Soul系列054

認識至聖者：神的屬性，以及對基督徒信仰生活的意義

作　　者／陶恕 Aiden Wilson Tozer
譯　　者／陳雅馨
企畫選書人／彭之琬
總 編 輯／彭之琬
責任編輯／李詠璇

版　　權／黃淑敏、翁靜如
行銷業務／莊英傑、周佑潔、林秀津、王瑜
總 經 理／彭之琬
事業群總經理／黃淑貞
發 行 人／何飛鵬
法律顧問／元禾法律事務所 王子文律師
出　　版／啟示出版
臺北市104民生東路二段141號9樓
電話：(02) 25007008　傳真：(02)25007759
E-mail:bwp.service@cite.com.tw
發　　行／英屬蓋曼群島商家庭傳媒股份有限公司城邦分公司
台北市中山區民生東路二段141號2樓
書虫客服服務專線：02-25007718；25007719
服務時間：週一至週五上午09:30-12:00；下午13:30-17:00
24小時傳真專線：02-25001990；25001991
劃撥帳號：19863813；戶名：書虫股份有限公司
讀者服務信箱：service@readingclub.com.tw
城邦讀書花園：www.cite.com.tw
香港發行所／城邦（香港）出版集團
香港灣仔駱克道193號東超商業中心1F E-mail: hkcite@biznetvigator.com
電話：(852) 25086231　傳真：(852) 25789337
馬新發行所／城邦（馬新）出版集團【Cite (M) Sdn Bhd】
41, Jalan Radin Anum, Bandar Baru Sri Petaling, 57000 Kuala Lumpur, Malaysia.
電話：(603) 90578822　傳真：(603) 90576622
Email: cite@cite.com.my

封面設計／李東記
排　　版／極翔企業有限公司
印　　刷／韋懋實業有限公司

■ 2019年8月29日初版
■ 2023年2月17日初版2.5刷

Printed in Taiwan

定價330元

城邦讀書花園
www.cite.com.tw

 ISBN 978-986-96765-9-5